改訂版発行に寄せて

　業務上の心理的な負荷を原因とする労災保険給付請求が増加する中、企業が労働基準監督署における認定調査対応、社内対応に追われるということがよく見られるところです。加えて、長時間労働の是正を大きな柱とする「働き方改革」が行政をあげての最重要課題と位置づけられ、労災保険給付請求に伴う労災補償担当部門・監督担当部門・安全衛生担当部門の連携調査が行われることとなるなど、従業員のメンタルヘルス不調の発生防止に向けた取組みの強化は、まさに企業にとっての必須課題となっています。

　しかしながら、取組みの基本となるものともいえる、労働基準監督署が業務上外の判断基準としている通達「心理的負荷による精神障害の認定基準について」（平成23年12月26日付基発1226第1号）について、企業側の理解が十分に深まっているかといえば、そうとはいえないのが実情です。

　労働者災害補償保険法（労災保険法）は、労働者の業務上災害・通勤災害における負傷・疾病等に対して必要な保険給付を行うことを目的としていますが、疾病は、負傷の場合と異なり、その発症原因が業務によるものなのかどうかの判断が困難なものが少なくありません。特に精神障害の場合は、発病に至るまでのさまざまな経過があり、また発病後の対応の関連等あらゆる角度から調査をしなければ、業務との因果関係は明らかになりません。このようなことを踏まえれば、認定基準の内容を理解すること、そして認定基準を踏まえて時間外労働の削減等の対策を講じることが、職場におけるメンタルヘルス不調を未然に防ぐことの第一歩となると考えます。

　そこで、今回、認定基準についての理解をより深めていただくことができるよう、本改訂版を発行することといたしました。本書は認定基準の発出を受けて平成24年9月に「解説本」として著したものですが、改訂版においては、改めて認定基準の内容について整理し直すとともに、新たに

事例やQ&Aも盛り込んで、実務により資する形となるよう再構成をしています。

本書が広く活用され、労災認定の仕組みの理解、メンタルヘルス対策の促進、企業における労働時間管理等に少しでも貢献することができれば幸いです。

最後に、本改訂版の発行にあたっては、株式会社日本法令の担当者の方々に大変お世話になりました。心から御礼申し上げます。

令和元年7月　　高橋　健

第1章 「業務上の疾病」とは

1 業務上疾病に係る法令等の仕組み 12
① 法令上の根拠はどこにあるのか 12
② 別表に定められた具体的疾病名とは 14
③ 具体的に列挙された疾病とそうでない疾病があるのはなぜか 16

2 業務上疾病の労災認定にあたっての「業務遂行性」・「業務起因性」の考え方 18
① 業務上疾病の労災認定 18
② 業務上疾病における「業務遂行性」とは 18
③ 業務上疾病における「業務起因性」とは 19
④ いろいろな原因が競合している場合の考え方 20
⑤ 業務上疾病に付随する疾病も労災認定の対象となるのか 21

3 業務上疾病の認定基準 22
① 厚労省労働基準局長が示した行政通達 22
② 認定基準が示されていることによる効果 22
MEMO 「行政通達」とは 23

第2章　認定基準の解説

1	心理的負荷による精神障害の認定基準 ・・・・・・・・・・ 26
2	認定基準のポイント 〜 第1 対象疾病 ・・・・・・・・・・・・・・・・・・・・・・ 28
3	認定基準のポイント 〜 第2 認定要件 ・・・・・・・・・・・・・・・・・・・・・・ 30

MEMO 「ICD−10」について ・・・・・・・・・・・・ 33

| 4 | 認定基準のポイント
〜 第3 認定要件に関する基本的な考え方 ・・・・・・・ 34 |
| 5 | 認定基準のポイント
〜 第4 認定要件の具体的判断 ・・・・・・・・・・・・・ 36 |

① 認定要件の具体的判断 ・・・・・・・・・・・・・・・・・ 36
② 業務による心理的負荷の強度の判断 ・・・・・・・・・・・ 38
③ 業務以外の心理的負荷および個体側要因の判断 ・・・・・・ 51

| 6 | 認定基準のポイント
〜 第5 精神障害の悪化の業務起因性 ・・・・・・・・・ 82 |
| 7 | 認定基準のポイント
〜 第6 専門家意見と認定要件の判断 ・・・・・・・・・ 84 |

① 主治医意見による判断 ・・・・・・・・・・・・・・・・・ 84
② 専門医意見による判断 ・・・・・・・・・・・・・・・・・ 85
③ 専門部会意見による判断 ・・・・・・・・・・・・・・・・ 86
④ 法律専門家の助言 ・・・・・・・・・・・・・・・・・・・ 87

| MEMO | 精神障害の労災補償状況 ………………………………… 89

8 認定基準のポイント
～第7 療養及び治ゆ ……………………………… 90

| MEMO | 精神障害の後遺障害等級について ……………………… 92
| MEMO | 障害等級別の給付額 ……………………………………… 93

9 認定基準のポイント
～第8 その他 …………………………………………… 94

① 自殺について ……………………………………………………… 94
② セクシュアルハラスメント事案の留意事項 …………………… 95
③ 本省協議 …………………………………………………………… 96

第3章 事例に学ぶ 精神障害に係る労災事案の評価

1 裁決事例 …………………………………………………… 100
case1：再審査請求事例（平成28年労第565号）………… 100
case2：再審査請求事例（平成28年労第523号）………… 102

2 精神障害の労災認定の要点 …………………………… 104
case1：特別な出来事（生死に関わる事故への遭遇）があった事案【業務上】………………………………………… 104
case2：ノルマが達成できなかった事案【業務上】……… 106
case3：仕事内容の大きな変化を生じさせる出来事があった事案【業務上】……………………………………… 108
case4：上司から暴行を受けた事案【業務上】…………… 110
case5：セクシュアルハラスメントを受けた事案【業務上】…… 111

case6：業務中に交通事故に遭った事案【業務外】……… 113
　　　case7：配置転換があり仕事内容が変化した事案【業務外】…… 114
　　　case8：上司から叱責を受けた事案【業務外】………… 116
　　　case9：極度の長時間労働があり、悪化した事案【業務上】…… 118
　MEMO　厚労省リーフレットに掲載されている認定事例 ……… 121
③ **認定基準に関する質疑応答** ………………… 122
　MEMO　保険給付の請求の時効 …………………… 133

第4章　労働基準監督署の調査方法

① **労働基準監督署による認定調査の流れ** ……… 136
② **被災労働者の労働時間に関する調査** ……… 162
　①　労働基準監督署による労働時間の集計 ……… 162
　②　労働時間数調査結果の取りまとめ ………… 163

第5章　企業が求められる具体的対応

① **リスク管理の重要性** ………………………… 168
　MEMO　労働災害についての企業の責任 ……… 169
② **企業がとるべき対策** ………………………… 170
　①　指針等のチェックと社内体制の見直し ……… 170
　②　社内研修の実施 ……………………………… 173

③ 認定基準の周知、時間外労働時間数の把握等 ……… 173
3 改正労働安全衛生法の施行 …………………… 174
① 改正内容 ……………………………………… 174
② 長時間労働者に対する面接指導等の強化 ……… 175
③ 改正に係る留意事項 …………………………… 177
4 労災請求が行われた際の企業対応の留意点 …… 178
MEMO　労災かくし ……………………………… 181

資　料

- 心理的負荷による精神障害の認定基準について
  （平成23年12月26日基発1226第1号） ……………… 184
- 心理的負荷による精神障害の認定基準の運用等について
  （平成23年12月26日基労補発1226第1号） ………… 199
- 精神障害による自殺の取扱いについて
  （平成11年9月14日基発第545号） ………………… 213

MEMO

第1章

「業務上の疾病」とは

1 業務上疾病に係る法令等の仕組み

① 法令上の根拠はどこにあるのか

　労働者災害補償保険法（以下「労災保険法」という）による保険給付の対象となる業務上疾病の根拠は、どこにあるのでしょうか。

　労働基準法（以下「労基法」という）には事業主による災害補償責任が規定されており、たとえば労働者の療養補償については、75条1項で「労働者が業務上負傷し、又は疾病にかかつた場合においては、使用者は、その費用で必要な療養を行い、又は必要な療養の費用を負担しなければならない。」とされています。

　そして、同法75条2項において「前項に規定する業務上の疾病及び療養の範囲は、厚生労働省令で定める。」とし、労働基準法施行規則（以下「労基則」という）35条、同別表1の2（以下「別表」という）に業務上疾病が具体的に定められています。

　労災保険法は、労基法の事業主による災害補償責任を担保する形で、「業務上の事由又は通勤による労働者の負傷、疾病、障害、死亡等に対して迅速かつ公正な保護をするため、必要な給付を行」うものと定められており（1条）、業務災害に関する保険給付は労基法に規定する災害補償責任が生じた場合に行うとしていますので、労災保険法において保険給付の対象となる業務上疾病は、労基法に定める業務上疾病と一致することになります。

【参考条文：労働基準法】

第8章　災害補償

（療養補償）　　　　　　　　　　　　　　　　　　平11法160・一部改正

第75条　労働者が業務上負傷し、又は疾病にかかつた場合においては、使用者は、その費用で必要な療養を行い、又は必要な療養の費用を負担しなければならない。

2　前項に規定する業務上の疾病及び療養の範囲は、厚生労働省令で定める。

（休業補償）

第76条　労働者が前条の規定による療養のため、労働することができないために賃金を受けない場合においては、使用者は、労働者の療養中平均賃金の100分の60の休業補償を行わなければならない。

2・3　（略）

（障害補償）　　　　　　　　　　　　　　　　　　平10法112・一部改正

第77条　労働者が業務上負傷し、又は疾病にかかり、治つた場合において、その身体に障害が存するときは、使用者は、その障害の程度に応じて、平均賃金に別表第2に定める日数を乗じて得た金額の障害補償を行わなければならない。

（休業補償及び障害補償の例外）

第78条　労働者が重大な過失によつて業務上負傷し、又は疾病にかかり、且つ使用者がその過失について行政官庁の認定を受けた場合においては、休業補償又は障害補償を行わなくてもよい。

（遺族補償）　　　　　　　　　　　　　　　　　　昭40法130・一部改正

第79条　労働者が業務上死亡した場合においては、使用者は、遺族に対し

て、平均賃金の1,000日分の遺族補償を行わなければならない。
(葬祭料)
第80条　労働者が業務上死亡した場合においては、使用者は、葬祭を行う者に対して、平均賃金の60日分の葬祭料を支払わなければならない。
(打切補償)
第81条　第75条の規定によつて補償を受ける労働者が、療養開始後3年を経過しても負傷又は疾病がなおらない場合においては、使用者は、平均賃金の1,200日分の打切補償を行い、その後はこの法律の規定による補償を行わなくてもよい。
(分割補償)
第82条　(略)
(補償を受ける権利)
第83条　補償を受ける権利は、労働者の退職によつて変更されることはない。
2　補償を受ける権利は、これを譲渡し、又は差し押えてはならない。

(他の法律との関係)　　　　　　　　昭40法130・平11法160・一部改正
第84条　この法律に規定する災害補償の事由について、労働者災害補償保険法(昭和22年法律第50号)又は厚生労働省令で指定する法令に基づいてこの法律の災害補償に相当する給付が行なわれるべきものである場合においては、使用者は、補償の責を免れる。
2　使用者は、この法律による補償を行つた場合においては、同一の事由については、その価額の限度において民法による損害賠償の責を免れる。

② 別表に定められた具体的疾病名とは

　業務上疾病を定めた労基則35条の規定は昭和22年に制定されており、今日までの間にいくつかの改正、補強が行われています。現在の業務上疾病は、次表のとおりです(労基則別表1の2。例示は筆者が加筆)。

第1号	業務上の負傷に起因する疾病
	例：頭部外傷による外傷性てんかん　等
第2号	物理的因子による疾病
	例：著しい騒音を発する場所における騒音性難聴
	暑熱な場所での業務による熱中症　　　　　等
第3号	身体に過度の負担のかかる作業態様に起因する疾病
	例：振動工具を使用する業務による振動障害
	繰り返しキーを叩く作業に従事することによる腱鞘炎　等
第4号	化学物質等による疾病
	例：酸素濃度が低い場所での作業による酸素欠乏症　等
第5号	粉じんを飛散する場所での業務によるじん肺症とじん肺合併症
第6号	細菌、ウィルス等の病原体による疾病
	例：医療従事者の針刺し事故によるウィルス性肝炎　等
第7号	がん原性物質若しくはがん原性因子又はがん原性工程での業務による疾病
	例：石綿を取り扱う業務による中皮腫　等
第8号	長期間にわたる長時間の業務その他血管病変等を著しく増悪させる業務による脳出血、くも膜下出血、脳梗塞、高血圧性脳症、心筋梗塞、狭心症、心停止（心臓性突然死を含む）若しくは解離性大動脈瘤又はこれらの疾病に付随する疾病
第9号	人の生命にかかわる事故への遭遇その他心理的に過度の負担を与える事象を伴う業務による精神及び行動の障害又はこれに付随する疾病
第10号	前各号に掲げるもののほか厚生労働大臣の指定する疾病
第11号	その他業務に起因することの明らかな疾病

③ 具体的に列挙された疾病とそうでない疾病があるのはなぜか

　労基則別表1の2には具体的に列挙された疾病と具体的に列挙されていない疾病がありますが、これは医学的に業務と疾病との間に因果関係が確立されているかについての相違があるためです。

(1) 具体的に列挙された疾病

　　具体的に列挙されている疾病は、業務と疾病との間に、一般的に因果関係があることが医学的に確立されているものです。
　　したがって、業務以外の原因によって発症したものであること等の立証がされない限り、一定の要件を満たせば業務に起因した疾病とみなされます。
　　業務上疾病とみなされる一定の要件とは、①労働者が有害因子を有する業務に従事したこと、②労働者が発症原因とするに足るだけの有害因子にばく露していること、③労働者に発症した疾病が、ばく露した有害因子により発症する疾病の症状・徴候を示し、かつ、ばく露の時期と発症の時期との間および症状経過について医学上矛盾がないこと——の3点です。

(2) 具体的に列挙されていない疾病

　　作業環境の変化、新たな原材料・化学物質により、別表1の2に列挙されていない疾病が新たに発生することは誰も否定できませんが、そのような場合、各号に規定されている包括的救済規定（例：第4号「化学物質等による次に掲げる疾病」の8には、「1から7までに掲げるもの

のほか、これらの疾病に付随する疾病その他化学物質等にさらされる業務に起因することの明らかな疾病」と規定されています）に当たるのかどうか、個別事案として職歴、ばく露状況、病態等について検討し、その結果、業務起因性があると判断されれば、業務上疾病として認定されることになります。

　また、別表1の2に規定された第2号から第9号のいずれの類型にも属さないような疾病については、第10号（「前各号に掲げるもののほか厚生労働大臣の指定する疾病」）によるか、あるいは第11号（「その他業務に起因することの明らかな疾病」）により、最終的に救済されることになります。

2 業務上疾病の労災認定にあたっての「業務遂行性」・「業務起因性」の考え方

① 業務上疾病の労災認定

　労働者の疾病は、一般に多数の原因または条件が競合して発症したものであり、その原因・条件の1つとして「業務」が介在していることは否定できません。
　しかし、そのことを根拠として直ちに業務と疾病との間に因果関係があるとすることは妥当ではなく、業務と疾病との間にいわゆる相当因果関係がある場合に初めて業務上疾病として取り扱われるべきとされていますので、業務上の負傷の場合と同様に、業務上疾病においても「業務遂行性」と「業務起因性」が認められることが必要です。

② 業務上疾病における「業務遂行性」とは

　業務上疾病の場合においても、業務遂行性は「労働者が労働契約に基づいて事業主の支配管理下にある状態」をいいます。すなわち、業務上疾病は、労働者が労働の場において業務に内在する種々の有害因子にばく露して引き起こされるものですから、これらの有害因子を受ける危険にさらされている状態が、すなわち「業務遂行性が認められる」ものと判断されることになります。

この業務遂行性は、労働者が事業主の支配管理下にある状態において疾病が発症することを意味しているものではなく、事業主の支配管理下にある状態において有害因子にばく露していることを意味しています。
　したがって、たとえば労働者が事業主の支配管理下においてうつ病を発症したとしても、その発症原因となった業務上の理由が存在しない限り、当該うつ病と業務との間には相当因果関係が成立しないということになります。

③ 業務上疾病における「業務起因性」とは

　業務上疾病において業務起因性が認められるかどうかは、以下の要件から判断されます。

(1) 労働者が労働する場において有害因子が存在していること

　ここでいう「有害因子」とは、業務に内在する有害な物理的因子、化学物質、身体に過度の負担のかかる作業態様、病原体等の因子を指します。

(2) 一定のばく露条件を満たしていること

　　上記(1)の状況下において、当該健康障害を引き起こすに値するばく露があったかどうかが問題になります。

(3) 有害因子の性質、ばく露条件等からみて発症の経過および病態が医学的に妥当であること

　　ばく露と発症の時間的な問題（潜伏期間などの状況）、関連した症状や障害などは、有害因子の性質、ばく露条件等により異なることから、医学的研究によって確立された知見に基づいて判断されることになります。

④ いろいろな原因が競合している場合の考え方

(1) 業務の場における有害因子と業務以外の要因の両方がある場合

　　「業務の場における有害因子」と「業務以外の要因」の両方がある場合には、いずれが発症の有力原因であるかを判断することになります。
　　それぞれを比較することにより、業務の場における有害因子へのばく露が発症の有力原因であると判断された場合は、業務上疾病となります。

(2) 業務とは関係のない基礎疾患または既存疾病を有する労働者が、労働をきっかけとして、または労働に従事している時に発症または増悪した場合

　業務とは関係のない基礎疾患または既存疾病を有する労働者が、労働をきっかけとして、または労働に従事している時に発症または増悪した場合、一般的にはその発症または増悪の多くは加齢等による自然経過によるものとして、業務起因性は認められません。
　しかし、当該労働者が業務上の有害因子にばく露したことにより、基礎疾患または既存疾病の自然経過を超えて発症または明らかに増悪したと医学的に認められる場合には、業務と発症等との間に相当因果関係が認められるものとして、その発症または増悪した部分については業務上疾病となります。

業務上疾病に付随する疾病も労災認定の対象となるのか

　業務上疾病が原因となって発症する疾病（いわゆる「続発疾病」）もあります。具体的には、①業務上疾病の経過中またはその進展により当該業務上疾病との関連で発症するもの、②業務上疾病を母地として細菌感染等の外因が加わって発症するもの、③業務上疾病に有意な高率で合併するもの、④業務上疾病の治療の際の薬剤による副作用等を原因として発症するもの——があります。
　続発疾病が業務上疾病に付随した疾病であるかどうかについては、医学的経験則により、相当因果関係があるか否かによって判断されます。個々の事例において、相当因果関係が認められた疾病は当該業務上疾病と一体のものとして取り扱われることになります。

3 業務上疾病の認定基準

① 厚労省労働基準局長が示した行政通達

　業務上疾病については労基則別表1の2に定められていますが、有害因子別の業務起因性を判断するための詳細な条件等について明記されてはいません。当該疾病と業務との関係について、ばく露期間、発症の条件等を厚生労働省労働基準局長が行政通達の形で示したものが、「認定基準」と呼ばれるものです。認定基準に示された要件を満たしている疾病については、原則として業務上疾病として取り扱われます。

　ただし、別表1の2に定められた疾病すべてに認定基準が示されているわけではありません。認定基準が示されていない疾病については、個々の事案について業務起因性の判断が行われることになります。

② 認定基準が示されていることによる効果

　認定基準が一般に公表されていることにより、労基則別表1の2に定められた疾病に係る労災請求を行う者は、認定基準の要件を満たしていることの立証を行えばよいことになります。

　また、認定権者である行政機関においては、認定における斉一性の確保ができることになります。

「行政通達」とは

　行政通達とは、行政機関内部の上級機関が下級機関に対して、指揮監督関係に基づき、所掌事務について指示する文書のことです。同一行政機関の内部におけるやりとりであって、行政上の取扱いの統一性を確保することを目的に発せられるものです。指示文書として一方的に示されるものと、関係法令の解釈を示すものがあり、労災補償に関しては次のように分類することができます。

発基：厚生労働事務次官（旧労働事務次官）名で発せられる労働基準局関係の通達
基発：厚生労働省労働基準局長（旧労働省労働基準局長）名で発せられる通達
基収：厚生労働省労働基準局長（旧労働省労働基準局長）が疑義に答えるかたちで発せられる通達

　厚生労働省労働基準局補償課長から発せられる「基補発」「基補収」、旧労働省時代の「基災発」「基災収（労災補償部長名）」なども同様です。
　上級機関から発せられる文書であるにもかかわらず「基収」「基災収」となっていることに疑問をお持ちになるかもしれませんが、これは、下級機関からの疑義照会文書に対する上級機関からの回答という形で出されたものだからです。照会文書を受け付けた際の収受番号をもって回答が行われています。
　通達は、厚生労働省法令等データベースサービスで検索することができます。また、『労災保険法解釈総覧』（厚生労働省労働基準局編）、『労災保険業務災害及び通勤災害認定の理論と実際』（同局編）、『労働者災害補償保険法（労働法コンメンタール）』（同局労災補償部労災管理課編）によって確認することができます。

第2章

認定基準の解説

1 心理的負荷による精神障害の認定基準

　「心理的負荷による精神障害の認定基準について」（以下「認定基準」という）は、平成23年12月26日付で厚生労働省労働基準局長から各都道府県労働局長に通達されています。
　本章では、認定基準について、順を追って項目ごとにそれぞれ解説します。

基発1226第1号
平成23年12月26日

都道府県労働局長　殿

厚生労働省労働基準局長
（公　印　省　略）

心理的負荷による精神障害の認定基準について

　心理的負荷による精神障害の労災請求事案については、平成11年9月14日付け基発第544号「心理的負荷による精神障害の業務上外に係る判断指針」（以下「判断指針」という。）に基づき業務上外の判断を行ってきたところであるが、今般、「精神障害等の労災認定の基準に関する専門検討会報告書（平成23年11月）」の内容を踏まえ、別添の認定基準を新たに定めたので、今後は本認定基準に基づき業務上外を判断されたい。
　なお、本通達の施行に伴い、判断指針は廃止する。

なお、認定基準の施行により、下記の通達が廃止されました。

- □心理的負荷による精神障害等の業務上外に係る判断指針（平成11年9月14日基発第544号）
- □心理的負荷による精神障害等の業務上外に係る判断指針の運用に関しての留意点等について（平成11年9月14日事務連絡第9号）
- □心理的負荷による精神障害等に係る業務上外の判断における事務処理について（平成12年3月24日事務連絡第3号）
- □セクシュアルハラスメントによる精神障害等の業務上外の認定について（平成17年12月1日基労補発第1201001号）
- □上司の「いじめ」による精神障害等の業務上外の認定について（平成20年2月6日基労補発第0206001号）
- □心理的負荷による精神障害等に係る業務上外の判断指針の一部改正に係る運用に関し留意すべき事項等について（平成21年4月6日基労補発第0406001号）

2 認定基準のポイント
～ 第1 対象疾病

> **第1 対象疾病**
>
> 　本認定基準で対象とする疾病（以下「対象疾病」という。）は、国際疾病分類第10回修正版（以下「ICD－10」という。）第Ⅴ章「精神および行動の障害」に分類される精神障害であって、器質性のもの及び有害物質に起因するものを除く。
>
> 　対象疾病のうち業務に関連して発病する可能性のある精神障害は、主としてICD－10のF2からF4に分類される精神障害である。
>
> 　なお、器質性の精神障害及び有害物質に起因する精神障害（ICD－10のF0及びF1に分類されるもの）については、頭部外傷、脳血管障害、中枢神経変性疾患等の器質性脳疾患に付随する疾病や化学物質による疾病等として認められるか否かを個別に判断する。
>
> 　また、いわゆる心身症は、本認定基準における精神障害には含まれない。

　「ICD－10」第Ⅴ章「精神および行動の障害」に分類されている精神障害とは、以下のF0からF9をいいます。

> F0　症状性を含む器質性精神障害
> F1　精神作用物質使用による精神および行動の障害
> F2　統合失調症、統合失調型障害および妄想性障害
> F3　気分（感情）障害
> F4　神経症性障害、ストレス関連障害および身体表現性障害

> F5　生理的障害および身体的要因に関連した行動症候群
> F6　成人のパーソナリティおよび行動の障害
> F7　精神遅滞［知的障害］
> F8　心理的発達の障害
> F9　小児期および青年期に通常発症する行動および情緒の障害、特定不能の精神障害

　これらの精神障害に関して、平成23年11月8日専門検討会報告書（以下「報告書」という）においては、次のとおり記載されています。

> 　業務に関連して発病する可能性の高い精神障害は、ICD－10の分類でいうF0からF4に分類される精神障害であること、そのうちF0及びF1に分類される精神障害については、他の認定基準等により頭部外傷、脳血管疾患、中枢神経変性疾患等、器質性脳疾患の併発疾病としての認定が行われるべきこと、F5からF9に分類される精神障害については業務との関連で発病することは少ないと考えられること、いわゆる心身症は本検討会で検討する精神障害には含まれないこと及び自殺の取扱いに関することについても、11年報告書（筆者注：「精神障害等の労災認定に係る専門検討会報告書（平成11年）」）に示された考え方を維持することが適当である。

　したがって、業務に関連して発病する可能性のある精神障害は、主としてF2からF4に分類される精神障害ということになります。

3 認定基準のポイント 〜 第2 認定要件

> **第2　認定要件**
>
> 　次の1、2及び3のいずれの要件も満たす対象疾病は、労働基準法施行規則別表第1の2第9号に該当する業務上の疾病として取り扱う。
> 1　対象疾病を発病していること。
> 2　対象疾病の発病前おおむね6か月の間に、業務による強い心理的負荷が認められること。
> 3　業務以外の心理的負荷及び個体側要因により対象疾病を発病したとは認められないこと。
> 　また、要件を満たす対象疾病に併発した疾病については、対象疾病に付随する疾病として認められるか否かを個別に判断し、これが認められる場合には当該対象疾病と一体のものとして、労働基準法施行規則別表第1の2第9号に該当する業務上の疾病として取り扱う。

　上記に示された認定要件の1、2、3いずれも満たす場合のみ、業務上疾病として取り扱われることになります。

認定要件1　対象疾病を発病していること

　当然のことながら、第1で示された対象疾病を発病していることが認められなければなりません。

　受診・通院している場合は疾患名・発病時期などの診断根拠について主治医の意見を求めることになりますが、受診歴のないまま自殺に至った事案については、家族や会社関係者からの

聴取調査を行うことにより言動や服装等の変化等を詳細に把握して、発病の有無と時期を判断することになります。

発病の有無、発病時期の正確な把握は、「出来事」との関連性を判断するにあたり非常に重要な事項となります。

報告書においては、次のとおり記載されています。

> 心理的負荷の評価を行うに当たり、精神障害の発病の有無及びその発病時期を正しく把握することは、極めて重要な事項となる。
>
> このため、主治医に対する意見照会により、主治医の考える疾患名、発病時期、それらの診断根拠を明確に把握する必要がある。
>
> なお、発病の有無やその時期の判断は、基本的に、ICD－10に準拠した診断意見となるように意見照会を行うべきである。
>
> また、多くの自殺事案にみられるように、治療歴はないが、うつ病エピソードのように症状に周囲が気付きにくい精神障害の発病が疑われる事案については、関係者に対して症状に関する調査を尽くし、言動の変化等の有無を的確に把握するよう努める必要がある。

認定要件2 対象疾病の発病前おおむね6か月の間に、業務による強い心理的負荷が認められること

原則として、発病前おおむね6か月以内の業務による心理

的負荷を評価することになり、「業務による強い心理的負荷」が客観的に認められて総合評価「強」である場合は、業務上の疾病として取り扱われることになります。

ただし、いじめやセクシュアルハラスメントのように出来事が繰り返されるものについては、繰り返される出来事を一体として評価することから、発病の6か月よりも前に開始されている場合でも、発病前6か月以内の期間にも継続していれば、開始時からの行為を評価することになります。

認定要件3 業務以外の心理的負荷および個体側要因により対象疾病を発病したとは認められないこと

発病の原因が業務以外の心理的負荷または個体側要因であることが明らかである場合は、当該精神障害の業務起因性は否定されることになります。

「業務以外の心理的負荷評価表」(☞55ページ参照)が別添として示されており、同表において心理的負荷の強度「Ⅲ」としている出来事の存在が明らかである場合には、当該出来事について調査が行われ、業務以外の心理的負荷によって発病したものかどうかを判断することになります。

なお、「要件を満たす対象疾病に併発した疾病」とは、たとえば、向精神薬の副作用による運動障害、消化器系障害（麻痺性イレウス等）、肝機能障害（肝炎等）等が想定されています。

「ICD−10」について

「ICD−10」については、厚生労働省ホームページに、次のようにまとめられています。

> 「疾病及び関連保健問題の国際統計分類：International Statistical Classification of Diseases and Related Health Problems（以下「ICD」と略）」とは、異なる国や地域から、異なる時点で集計された死亡や疾病のデータの体系的な記録、分析、解釈及び比較を行うため、世界保健機関憲章に基づき、世界保健機関（WHO）が作成した分類である。
> 最新の分類は、ICDの第10回目の改訂版として、1990年の第43回世界保健総会において採択されたものであり、ICD−10(1990年版)と呼ばれている。

「精神及び行動の障害（F0−F9）」は第5章に分類されていますが、検討会報告書で指摘されているとおり、認定基準では器質性の精神障害および有害物質に起因する精神障害（F0およびF1）は対象疾病から除外され、F5からF9に分類される精神障害は、主として個人の生育環境・生活環境等に基づくものであり、業務との関連で発病することはほとんどないと考えられることから、業務に関連して発病する可能性のある精神障害は、主としてF2からF4に分類される精神障害ということになります。

4 認定基準のポイント
～第3 認定要件に関する基本的な考え方

第3 認定要件に関する基本的な考え方

　対象疾病の発病に至る原因の考え方は、環境由来の心理的負荷（ストレス）と、個体側の反応性、脆弱性との関係で精神的破綻が生じるかどうかが決まり、心理的負荷が非常に強ければ、個体側の脆弱性が小さくても精神的破綻が起こるし、逆に脆弱性が大きければ、心理的負荷が小さくても破綻が生ずるとする「ストレス－脆弱性理論」に依拠している。

　このため、心理的負荷による精神障害の業務起因性を判断する要件としては、対象疾病の発病の有無、発病の時期及び疾患名について明確な医学的判断があることに加え、当該対象疾病の発病の前おおむね6か月の間に業務による強い心理的負荷が認められることを掲げている。

　この場合の強い心理的負荷とは、精神障害を発病した労働者がその出来事及び出来事後の持続する程度を主観的にどう受け止めたかではなく、同種の労働者が一般的にどう受け止めるかという観点から評価されるものであり、「同種の労働者」とは職種、職場における立場や職責、年齢、経験等が類似する者をいう。

　さらに、これらの要件が認められた場合であっても、明らかに業務以外の心理的負荷や個体側要因によって発病したと認められる場合には、業務起因性が否定されるため、認定要件を上記第2（筆者注：認定要件）のとおり定めた。

　対象疾病の発病に至る原因の考え方が「ストレス－脆弱性理論」に依拠していることを示したもので、報告書には次のとおり記載されています。

精神障害の成因（発病に至る原因の考え方）として、判断指針及び11年報告書が依拠している「ストレス－脆弱性理論」は、平成11年以後の精神医学上の知見を考慮しても最も有力な考え方といえ、また、裁判例においても是認されている。したがって、本検討会においても、精神障害の成因としては、「ストレス－脆弱性理論」に依拠することが適当と考える。

　心理的負荷の評価についての基本的考え方として、「同種の労働者が一般的にどう受け止めるかという観点から評価される」というのは、精神障害を発病した本人を基準に評価するのではなく、業務による強い心理的負荷について客観的な評価を行うということを意味しています。

5 認定基準のポイント 〜 第4 認定要件の具体的判断

① 認定要件の具体的判断

第4　認定要件の具体的判断

1　発病の有無等の判断

　対象疾病の発病の有無、発病時期及び疾患名は、「ICD−10　精神および行動の障害　臨床記述と診断ガイドライン」（以下「診断ガイドライン」という。）に基づき、主治医の意見書や診療録等の関係資料、請求人や関係者からの聴取内容、その他の情報から得られた認定事実により、医学的に判断される。特に発病時期については特定が難しい場合があるが、そのような場合にもできる限り時期の範囲を絞り込んだ医学意見を求め判断する。

　なお、強い心理的負荷と認められる出来事の前と後の両方に発病の兆候と理解し得る言動があるものの、どの段階で診断基準を満たしたのかの特定が困難な場合には、出来事の後に発病したものと取り扱う。

　精神障害の治療歴のない事案については、主治医意見や診療録等が得られず発病の有無の判断も困難となるが、この場合にはうつ病エピソードのように症状に周囲が気づきにくい精神障害もあることに留意しつつ関係者からの聴取内容等を医学的に慎重に検討し、診断ガイドラインに示されている診断基準を満たす事実が認められる場合又は種々の状況から診断基準を満たすと医学的に推定される場合には、当該疾患名の精神障害が発病したものとして取り扱う。

認定要件において、まず、認定基準に定める対象疾病を発病していることが確認されなければなりません。

　対象疾病の発病の有無、発病時期および疾患名は、「ICD-10　精神および行動の障害　臨床記述と診断ガイドライン」（以下「診断ガイドライン」という）に基づき、さまざまな情報から得られた認定事実により、医学的に判断されることになります。

　発病の時期の特定が難しい場合であっても、できる限り時期の範囲を絞り込み、少なくとも「〇月〇旬頃の発病」というところまで絞り込んだ医学意見を求めて判断することとされました。

　この発病の時期の絞り込みは、評価する出来事の時期との問題、労働時間数の算定等において非常に重要となります。たとえば〇年11月上旬の発病であれば、同年5月上旬からの出来事や労働時間を評価することになりますが、同年10月上旬の発病であれば、同年4月上旬から評価することになりますので、評価期間が異なってきます。

　また、出来事の前と後に発病と考えられる言動が見られ、発病時期はどちらとも考えられるが特定が難しいという場合に、出来事の後に発病したと取り扱うこととすることは、発病後の悪化の事案として判断するか否かということにも関わってくるため、重要となります。

　前ページの下線部につき、具体的に診断ガイドラインの記載内容がどのようになっているのか、次に一部を抜粋します。

F32　うつ病エピソード
　以下に記述される3種類すべての典型的な抑うつのエピソード［軽症（F32.0）、中等症（F32.1）、および重症（F32.2とF32.3）］では、患者は

通常、抑うつ気分、興味と喜びの喪失、および活動性の減退による易疲労感の増大や活動性の減少に悩まされる。わずかに頑張ったあとでも、ひどく疲労を感じることがふつうである。他の一般的な症状には以下のものがある。

(a) 集中力と注意力の減退
(b) 自己評価と自信の低下
(c) 罪責感と無価値観（軽症エピソードにもみられる）
(d) 将来に対する希望のない悲観的な見方
(e) 自傷あるいは自殺の観念や行為
(f) 睡眠障害
(g) 食欲不振

気分の落込みは日による変化が少なく、しばしば環境に対しても無反応であるが、しかし、日がたつにつれて特有な日内変動を示すことがある。躁病エピソードと同じように、臨床像には明らかな個人差があり、特に思春期には非定型的な症状を示すことがふつうである。症例によっては、時に不安、苦悩および精神運動性の激越が抑うつ症状よりも優勢であったり、易刺激性、過度の飲酒、演技的行動、そして以前から存在していた恐怖症や強迫症状の増悪、あるいは心気症的とらわれなどの症状が加わることによって、気分の変化が隠されたりすることがある。うつ病エピソードは、重症度の如何に関係なく、ふつう少なくとも2週間の持続が診断に必要とされるが、もし症状がきわめて重症で急激な発症であれば、より短い期間であっても構わない。

② 業務による心理的負荷の強度の判断

第4　認定要件の具体的判断

2　業務による心理的負荷の強度の判断

　　上記第2の認定要件のうち、2の「対象疾病の発病前おおむね6か月の間に、業務による強い心理的負荷が認められること」とは、対象疾病

の発病前おおむね6か月の間に業務による出来事があり、当該出来事及びその後の状況による心理的負荷が、客観的に対象疾病を発病させるおそれのある強い心理的負荷であると認められることをいう。
　このため、業務による心理的負荷の強度の判断に当たっては、精神障害発病前おおむね6か月の間に、対象疾病の発病に関与したと考えられる業務によるどのような出来事があり、また、その後の状況がどのようなものであったのかを具体的に把握し、それらによる心理的負荷の強度はどの程度であるかについて、別表1「業務による心理的負荷評価表」（以下「別表1」という。）を指標として「強」、「中」、「弱」の三段階に区分する。
　なお、別表1においては、業務による強い心理的負荷が認められるものを心理的負荷の総合評価が「強」と表記し、業務による強い心理的負荷が認められないものを「中」又は「弱」と表記している。「弱」は日常的に経験するものであって一般的に弱い心理的負荷しか認められないもの、「中」は経験の頻度は様々であって「弱」よりは心理的負荷があるものの強い心理的負荷とは認められないものをいう。
　具体的には次のとおり判断し、総合評価が「強」と判断される場合には、上記第2の2の認定要件を満たすものとする。

　業務による心理的負荷の強度の判断にあたり、評価の範囲については「精神障害発病前おおむね6か月の間」の出来事とされています。その理由について、報告書には次のとおり記載されています。

　11年報告書では、次のような理由から、心理的負荷の評価の対象となる出来事は、発病前おおむね6か月の出来事とするのが妥当とされている。
・精神障害については、発病から遡れば遡るほど出来事と発病との関連性を理解するのは困難となるため、ライフイベント調査（生活上の様々な出来事によるストレスの程度と精神障害の発病等との関連についての調査及び研究）では、6か月を調査期間としているものが多いこと
・一方、各種研究結果においては精神障害が発病する前1か月以内に主要な

ライフイベントのピークが認められるとする報告が多いこと
・ICD－10分類F43.1外傷後ストレス障害（Post-traumatic stress disorder）の診断ガイドラインが、「トラウマ後、数週から数か月にわたる潜伏期間（しかし6か月を超えることはまれ）を経て発症する」としていること
　本検討会でも、評価期間について検証が必要と考え、ライフイベント調査の状況等を確認したが、面接により詳細な内容の調査を行う場合、6か月を超えると個人の記憶の精度が大きく低下するため調査期間を6か月以内としているものが多いことや、出来事の発生時期と発病との関係を示す新たな知見が見当たらない現状では、原則として発病前おおむね6か月以内の出来事を評価するという現行の取扱いを維持するのが適当であると考える。

　また、業務による強い心理的負荷が認められるか否かの判断の基本となるものとして、別表1「業務による心理的負荷評価表」（以下「別表1」という☞56ページ参照）が示されています。
　総合評価が「強」であると判断される場合には、認定要件を満たす業務上疾病ということになります。

(1) 「特別な出来事」に該当する出来事がある場合の判断

第4　認定要件の具体的判断

2　業務による心理的負荷の強度の判断

　具体的には次のとおり判断し、総合評価が「強」と判断される場合には、上記第2の2の認定要件（筆者注：「対象疾病の発病前おおむね6か月の間に、業務による強い心理的負荷が認められること」）を満たすものとする。

(1) 「特別な出来事」に該当する出来事がある場合
　　発病前おおむね6か月の間に、別表1の「特別な出来事」に該当する業務による出来事が認められた場合には、心理的負荷の総合評価を

「強」と判断する。

　「業務による心理的負荷評価表（別表１）」に示された「特別な出来事」は、次表のとおりです。これらの出来事については、その事実が認められればそれのみで、業務による心理的負荷を「強」と判断できることになります。

特別な出来事の類型	心理的負荷の総合評価を「強」とするもの
心理的負荷が極度のもの	・生死にかかわる、極度の苦痛を伴う、又は永久労働不能となる後遺障害を残す業務上の病気やケガをした（業務上の傷病により６か月を超えて療養中に症状が急変し極度の苦痛を伴った場合を含む） ・業務に関連し、他人を死亡させ、又は生死にかかわる重大なケガを負わせた（故意によるものを除く） ・強姦や、本人の意思を抑圧して行われたわいせつ行為などのセクシュアルハラスメントを受けた ・その他、上記に準ずる程度の心理的負荷が極度と認められるもの
極度の長時間労働	・発病直前の１か月におおむね160時間を超えるような、又はこれに満たない期間にこれと同程度の（例えば３週間におおむね120時間以上の）時間外労働を行った（休憩時間は少ないが手待時間が多い場合等、労働密度が特に低い場合を除く）

　「心理的負荷が極度のもの」とは、出来事それ自体の心理的負荷が極めて大きいため、出来事後の状況に関係なく強い心理的負荷を与えると認め得るものです。
　うち、「永久労働不能となる後遺障害を残す業務上の病気やケガ」とは、障害等級第３級（労働能力喪失率100％）以上が想定されます。
　「本人の意思を抑圧して行われたわいせつ行為」とは、被害者が抵抗

したにもかかわらず強制的になされたわいせつ行為、被害者が抵抗しなかった場合であっても、行為者が優位的立場を利用するなどして物理的・精神的な手段によって被害者の意思を抑圧して行われたわいせつ行為を意味し、着衣の上から行われたものであっても該当する場合はあり得ることになります。

また、「極度の長時間労働」として、発病直前の1か月におおむね160時間を超えるような、またはこれに満たない期間にこれと同程度（たとえば「3週間に120時間以上」）の時間外労働を行った場合が示されました。数週間にわたり生理的に必要な最小限度の睡眠時間（5時間程度とされています）を確保できないほどの長時間労働は、心身の極度の疲弊・消耗をきたし、精神障害の原因となるという考え方が示されたものです。

参考までに、1か月160時間の時間外労働を机上計算すると、次のようになります。

　　日々の所定労働時間　　　9：00〜18：00
　　休憩時間　　　　　　　　12：00〜13：00（1時間）

① 毎日18：00〜24：00までの6時間残業
　　月平均稼働日が21日として　　　　6×21＝126時間
② 毎土曜日休日出勤（10時間労働）　　10×4＝　40時間
　　　　　　　　　　　　　　　　　　　合計　166時間

確かに最小限度の睡眠時間が確保できず、疲労の回復を図る時間がないことがわかります。

なお、ここでいう時間外労働とは1週40時間を超える労働時間をいいますが、手待ち時間の割合が多く、労働密度が特に低いような場合には、単純に時間外労働の時間数だけで判断すべきではないものとされています。たとえば、社員寮に住み込みで管理業務に従事している労働者などは、労働時間のうち手待ち時間の割合が多く、断続的労働と類似した形態で業務に従事しており、労働密度が低いものとされています。

(2) 「特別な出来事」に該当する出来事がない場合の判断

> 第4 認定要件の具体的判断
>
> 2 業務による心理的負荷の強度の判断
>   具体的には次のとおり判断し、総合評価が「強」と判断される場合には、上記第2の2の認定要件（筆者注：「対象疾病の発病前おおむね6か月の間に、業務による強い心理的負荷が認められること」）を満たすものとする。
>
> (2) 「特別な出来事」に該当する出来事がない場合
>   「特別な出来事」に該当する出来事がない場合は、以下の手順により心理的負荷の総合評価を行い、「強」、「中」又は「弱」に評価する。
>   ア 「具体的出来事」への当てはめ
>   発病前おおむね6か月の間に認められた業務による出来事が、別表1の「具体的出来事」のどれに該当するかを判断する。ただし、実際の出来事が別表1の「具体的出来事」に合致しない場合には、どの「具体的出来事」に近いかを類推して評価する。
>   なお、別表1では、「具体的出来事」ごとにその平均的な心理的負荷の強度を、強い方から「Ⅲ」、「Ⅱ」、「Ⅰ」として示している。
>   イ 出来事ごとの心理的負荷の総合評価
>   (ア) 該当する「具体的出来事」に示された具体例の内容に、認定した「出来事」や「出来事後の状況」についての事実関係が合致する場合には、その強度で評価する。
>   (イ) 事実関係が具体例に合致しない場合には、「具体的出来事」ごとに示している「心理的負荷の総合評価の視点」及び「総合評価における共通事項」に基づき、具体例も参考としつつ個々の事案ごとに評価する。
>   なお、「心理的負荷の総合評価の視点」及び具体例は、次の考え方に基づいて示しており、この考え方は個々の事案の判断においても適用すべきものである。また、具体例はあくまでも例示であるの

第2章 認定基準の解説

　　　　で、具体例の「強」の欄で示したもの以外は「強」と判断しないというものではない。
　　a　類型①「事故や災害の体験」は、出来事自体の心理的負荷の強弱を特に重視した評価としている。
　　b　類型①以外の出来事については、「出来事」と「出来事後の状況」の両者を軽重の別なく評価しており、総合評価を「強」と判断するのは次のような場合である。
　　　(a)　出来事自体の心理的負荷が強く、その後に当該出来事に関する本人の対応を伴っている場合
　　　(b)　出来事自体の心理的負荷としては中程度であっても、その後に当該出来事に関する本人の特に困難な対応を伴っている場合
　　c　上記bのほか、いじめやセクシュアルハラスメントのように出来事が繰り返されるものについては、繰り返される出来事を一体のものとして評価し、また、「その継続する状況」は、心理的負荷が強まるものとしている。

　「特別な出来事」に該当する出来事については、その事実が認められればその事実のみで業務による心理的負荷を「強」と判断できることになりますが、事案としては、「特別な出来事」に該当する出来事がない場合が圧倒的に多いと考えられます。ここでは、その場合の評価の手順が示されています。
　まず、発病前6か月の間に認められた業務による出来事が、別表1のどの「具体的出来事」に該当するのかを判断します。出来事の内容がそのまま当てはまらない場合には、より近い「具体的出来事」に類推して当てはめます。
　別表1においては、「具体的出来事」ごとの平均的な心理的負荷の強度（強いほうから「Ⅲ」「Ⅱ」「Ⅰ」）が示されており、そのうえで「心理的負荷の総合評価の視点」として、具体的出来事ごとに典型的に想定される検討事項、すなわち、その出来事自体の内容や出来事ごとに一般

的に起こる「出来事後の状況」等、その出来事に伴う業務による心理的負荷の強さを総合的に評価するための視点が明示されています。これら全体を検討して、出来事と出来事後の状況を包含したものである心理的負荷の総体を「強」・「中」・「弱」の3段階で評価することとされました。

　さらに、具体的出来事の内容にかかわらず、総合評価に際して共通に検討する事項として、①出来事後の状況の評価に共通の視点、および②恒常的長時間労働が認められる場合の総合評価の取扱いが別掲されました。

　「心理的負荷の総合評価の視点」や、出来事ごとの総合評価の具体例は、報告書によれば、次の考え方に基づき示されています。

(ア)　類型①「事故や災害の体験」は、出来事自体の心理的負荷の強弱を特に重視して評価している。

(イ)　類型①以外の出来事については、「出来事」と「出来事後の状況」の両者を軽重の別なく評価しており、総合評価が「強」と判断されるのは次のような場合である。
　a　出来事自体の心理的負荷が強く、その後にその出来事に関して一定の対応が行われている場合
　b　出来事自体の心理的負荷としては中程度であっても、その出来事に関する対応が特に困難を伴っている場合
　なお、「具体例」はあくまでも例示であるので、これ以外は「強」にならないというものではない。

　そして、いじめやセクシュアルハラスメントのように出来事が繰り返されるものについては、繰り返される出来事を一体のものとして評価することとし、また、「その継続する状況」は、心理的負荷が強まるものとしています。

(3) 出来事が複数ある場合の全体評価

> **第4　認定要件の具体的判断**
>
> **2　業務による心理的負荷の強度の判断**
>
> 　具体的には次のとおり判断し、総合評価が「強」と判断される場合には、上記第2の2の認定要件（筆者注：「対象疾病の発病前おおむね6か月の間に、業務による強い心理的負荷が認められること」）を満たすものとする。
>
> **(3)　出来事が複数ある場合の全体評価**
>
> 　対象疾病の発病に関与する業務による出来事が複数ある場合の心理的負荷の程度は、次のように全体的に評価する。
>
> 　ア　上記(1)及び(2)によりそれぞれの出来事について総合評価を行い、いずれかの出来事が「強」の評価となる場合は、業務による心理的負荷を「強」と判断する。
>
> 　イ　いずれの出来事でも単独では「強」の評価とならない場合には、それらの複数の出来事について、関連して生じているのか、関連なく生じているのかを判断した上で、
>
> 　　①　出来事が関連して生じている場合には、その全体を一つの出来事として評価することとし、原則として最初の出来事を具体的出来事として別表1に当てはめ、関連して生じた各出来事は出来事後の状況とみなす方法により、その全体評価を行う。
>
> 　　　具体的には、「中」である出来事があり、それに関連する別の出来事（それ単独では「中」の評価）が生じた場合には、後発の出来事は先発の出来事の出来事後の状況とみなし、当該後発の出来事の内容、程度により「強」又は「中」として全体を評価する。
>
> 　　②　一つの出来事のほかに、それとは関連しない他の出来事が生じている場合には、主としてそれらの出来事の数、各出来事の内容（心理的負荷の強弱）、各出来事の時間的な近接の程度を元に、そ

> の全体的な心理的負荷を評価する。
> 　具体的には、単独の出来事の心理的負荷が「中」である出来事が複数生じている場合には、全体評価は「中」又は「強」となる。また、「中」の出来事が一つあるほかには「弱」の出来事しかない場合には原則として全体評価も「中」であり、「弱」の出来事が複数生じている場合には原則として全体評価も「弱」となる。

　対象疾病の発病前おおむね6か月の「出来事」が1つではなく、「配置転換をした」部署において、配置転換を機にして、「これまで複数人で担当していた業務を一人で担当することになった」など、出来事が複数重なるということも想定されます。

　報告書では、「精神障害の発病に関与する業務による出来事が複数ある場合には、業務による心理的負荷は総合的に評価される必要がある。ただし、実際の事案では、その状況が多様であることから、一律の評価方法を示すことは困難である。一方、ある出来事の直後に別の出来事が生じた場合や、ある出来事に関連する次の出来事が生じた場合には精神障害を発病しやすいという臨床経験上の意見を参考に、本検討会は、次のように取り扱うことが適当と考える」として、出来事が複数認められる場合の考え方について示されています。

　「関連して生じた出来事」の評価は、たとえば達成困難なノルマが課せられ、その後、その影響で業務量が増えたといったような関連する別々の出来事が生じた場合や、交通事故を起こして自らもケガをし、相手にもケガをさせた（重大事故を起こした）といった1つの事象を複数の観点から出来事としてとらえることができるような場合に、まずそれぞれ単独の出来事として総合評価が「強」となるかどうかを検討し、いずれも「強」にならない場合には全体を1つの出来事として評価する方法で行います。その場合、後続の出来事を最初に起きた出来事の「出来事後の状況」として評価することになります。

(4) 時間外労働時間数の評価

> 第4　認定要件の具体的判断
>
> 2　業務による心理的負荷の強度の判断
> 　具体的には次のとおり判断し、総合評価が「強」と判断される場合には、上記第2の2の認定要件（筆者注：「対象疾病の発病前おおむね6か月の間に、業務による強い心理的負荷が認められること」）を満たすものとする。
>
> (4)　**時間外労働時間数の評価**
> 　別表1には、時間外労働時間数（週40時間を超える労働時間数をいう。以下同じ。）を指標とする基準を次のとおり示しているので、長時間労働が認められる場合にはこれにより判断する。
> 　なお、業務による強い心理的負荷は、長時間労働だけでなく、仕事の失敗、役割・地位の変化や対人関係等、様々な出来事及びその後の状況によっても生じることから、この時間外労働時間数の基準に至らない場合にも、時間数のみにとらわれることなく、上記(1)から(3)により心理的負荷の強度を適切に判断する。
> 　ア　極度の長時間労働による評価
> 　　極度の長時間労働は、心身の極度の疲弊、消耗を来し、うつ病等の原因となることから、発病日から起算した直前の1か月間におおむね160時間を超える時間外労働を行った場合等には、当該極度の長時間労働に従事したことのみで心理的負荷の総合評価を「強」とする。
> 　イ　長時間労働の「出来事」としての評価
> 　　長時間労働以外に特段の出来事が存在しない場合には、長時間労働それ自体を「出来事」とし、新たに設けた「1か月に80時間以上の時間外労働を行った（項目16）」という具体的出来事に当てはめて心理的負荷を評価する。
> 　　項目16の平均的な心理的負荷の強度は「Ⅱ」であるが、発病日か

ら起算した直前の２か月間に１月当たりおおむね120時間以上の長時間労働を行い、その業務内容が通常その程度の労働時間を要するものであった場合等には、心理的負荷の総合評価を「強」とする。項目16では、「仕事内容・仕事量の（大きな）変化を生じさせる出来事があった（項目15）」と異なり、労働時間数がそれ以前と比べて増加していることは必要な条件ではない。

なお、他の出来事がある場合には、時間外労働の状況は下記ウによる総合評価において評価されることから、原則として項目16では評価しない。ただし、項目16で「強」と判断できる場合には、他に出来事が存在しても、この項目でも評価し、全体評価を「強」とする。

ウ　恒常的長時間労働が認められる場合の総合評価

出来事に対処するために生じた長時間労働は、心身の疲労を増加させ、ストレス対応能力を低下させる要因となることや、長時間労働が続く中で発生した出来事の心理的負荷はより強くなることから、出来事自体の心理的負荷と恒常的な長時間労働（月100時間程度となる時間外労働）を関連させて総合評価を行う。

具体的には、「中」程度と判断される「出来事」の後に恒常的な時間外労働が認められる場合等には、心理的負荷の総合評価を「強」とする。

なお、「出来事」の前の恒常的な長時間労働の評価期間は、発病前おおむね６か月の間とする。

極度の長時間労働、たとえば数週間にわたる生理的に必要な最小限度の睡眠時間を確保できないほどの長時間労働は、心身の極度の疲弊・消耗をきたし、うつ病等の原因となるという考えを明確に示したものです。

報告書には、次のとおり記載されています。

これまでは、極度の長時間労働の場合を除き、長時間労働それ自体は心理的負荷の生じる出来事として評価していなかったが、本検討会は、ストレス調査の結果も踏まえ、特に、他に出来事が存在しない場合を想定し、

> 長時間労働それ自体を「出来事」とみなして新評価表に盛り込み、その心理的負荷を評価することができるよう改めた。

(5) 出来事の評価の留意事項

第4 認定要件の具体的判断

2 業務による心理的負荷の強度の判断

具体的には次のとおり判断し、総合評価が「強」と判断される場合には、上記第2の2の認定要件（筆者注：「対象疾病の発病前おおむね6か月の間に、業務による強い心理的負荷が認められること」）を満たすものとする。

(5) 出来事の評価の留意事項

業務による心理的負荷の評価に当たっては、次の点に留意する。
① 業務上の傷病により6か月を超えて療養中の者が、その傷病によって生じた強い苦痛や社会復帰が困難な状況を原因として対象疾病を発病したと判断される場合には、当該苦痛等の原因となった傷病が生じた時期は発病の6か月よりも前であったとしても、発病前おおむね6か月の間に生じた苦痛等が、ときに強い心理的負荷となることにかんがみ、特に当該苦痛等を出来事（「重度の病気やケガをした（項目1）」）とみなすこと。
② いじめやセクシュアルハラスメントのように、出来事が繰り返されるものについては、発病の6か月よりも前にそれが開始されている場合でも、発病前6か月以内の期間にも継続しているときは、開始時からのすべての行為を評価の対象とすること。
③ 生死にかかわる業務上のケガをした、強姦に遭った等の特に強い心理的負荷となる出来事を体験した者は、その直後に無感覚等の心的まひや解離等の心理的反応が生じる場合があり、このため、医療機関への受診時期が当該出来事から6か月よりも後になることもあ

> る。その場合には、当該解離性の反応が生じた時期が発病時期となるため、当該発病時期の前おおむね６か月の間の出来事を評価すること。
> ④　本人が主張する出来事の発生時期は発病の６か月より前である場合であっても、発病前おおむね６か月の間における出来事の有無等についても調査し、例えば当該期間における業務内容の変化や新たな業務指示等が認められるときは、これを出来事として発病前おおむね６か月の間の心理的負荷を評価すること。

　評価期間を「発病前おおむね６か月の間」とすることについて、その取扱いの留意事項が示されています。

　①は、苦痛等の原因となった傷病が生じた時期は発病の６か月よりも前であったとしても、発病前おおむね６か月の間に生じた苦痛等を「出来事」とみなすとしたものです。

　同様に②についても、出来事が繰り返されるものについて、開始時からのすべての行為を評価の対象とするとしています。

業務以外の心理的負荷および個体側要因の判断

> **第４　認定要件の具体的判断**
>
> ３　業務以外の心理的負荷及び個体側要因の判断
>
> 　上記第２の認定要件のうち、３の「業務以外の心理的負荷及び個体側要因により対象疾病を発病したとは認められないこと」とは、次の①又は②の場合をいう。
> ①　業務以外の心理的負荷及び個体側要因が認められない場合

> ② 業務以外の心理的負荷又は個体側要因は認められるものの、業務以外の心理的負荷又は個体側要因によって発病したことが医学的に明らかであると判断できない場合

　精神障害が業務以外の心理的負荷または個体側要因によって発病したことが明らかな場合には、業務との関連性は否定されることになりますが、業務による強い心理的負荷が認められる事案については、強度Ⅲに該当する「業務以外の出来事のうち心理的負荷が特に強いもの」がある場合や、強度Ⅲに該当する「業務以外の出来事」が複数ある場合等、業務以外の心理的負荷によって発病したことが医学的に明らかであると判断できる場合に限って業務起因性を否定するというのが適当です。

(1) 業務以外の心理的負荷の判断

> **第4　認定要件の具体的判断**
>
> **3　業務以外の心理的負荷及び個体側要因の判断**
>
> **(1) 業務以外の心理的負荷の判断**
>
> 　ア　業務以外の心理的負荷の強度については、対象疾病の発病前おおむね6か月の間に、対象疾病の発病に関与したと考えられる業務以外の出来事の有無を確認し、出来事が一つ以上確認できた場合は、それらの出来事の心理的負荷の強度について、別表2「業務以外の心理的負荷評価表」を指標として、心理的負荷の強度を「Ⅲ」、「Ⅱ」又は「Ⅰ」に区分する。
>
> 　イ　出来事が確認できなかった場合には、上記①（筆者注：業務以外の心理的負荷及び個体側要因が認められない場合）に該当するものと取り扱う。
>
> 　ウ　強度が「Ⅱ」又は「Ⅰ」の出来事しか認められない場合は、原則

として上記②に該当するものと取り扱う。
　エ　「Ⅲ」に該当する業務以外の出来事のうち心理的負荷が特に強いものがある場合や、「Ⅲ」に該当する業務以外の出来事が複数ある場合等については、それらの内容等を詳細に調査の上、それが発病の原因であると判断することの医学的な妥当性を慎重に検討して、上記②（筆者注：業務以外の心理的負荷又は個体側要因は認められるものの、業務以外の心理的負荷又は個体側要因によって発病したことが医学的に明らかであると判断できない場合）に該当するか否かを判断する。

　上記に基づき、精神事案の審査の迅速化、請求人の負担軽減を図る観点から、業務以外の心理的負荷および個体側要因の調査については、可能な限り簡略化を図ることが適当であるという考えのもと、業務以外の出来事について心理的負荷の強度が「Ⅲ」となっている出来事が明らかになっている場合に、その詳細を調査すればよいということになりました。

　「業務以外の心理的負荷評価表」（☞55ページ参照）においては、具体的に、次の出来事を「強度Ⅲ」としています。

- [ ] 離婚又は夫婦が別居した
- [ ] 自分が重い病気やケガをした又は流産した
- [ ] 配偶者や子供、親又は兄弟が死亡した
- [ ] 配偶者や子供が重い病気やケガをした
- [ ] 親類の誰かで世間的にまずいことをした人が出た
- [ ] 多額の財産を損失した又は突然大きな支出があった
- [ ] 天災や火災などにあった又は犯罪に巻き込まれた

(2) 個体側要因の評価

> **第4　認定要件の具体的判断**
>
> **3　業務以外の心理的負荷及び個体側要因の判断**
>
> **(2) 個体側要因の評価**
>
> 　　本人の個体側要因については、その有無とその内容について確認し、個体側要因の存在が確認できた場合には、それが発病の原因であると判断することの医学的な妥当性を慎重に検討して、上記②（筆者注：業務以外の心理的負荷又は個体側要因は認められるものの、業務以外の心理的負荷又は個体側要因によって発病したことが医学的に明らかであると判断できない場合）に該当するか否かを判断する。業務による強い心理的負荷が認められる事案であって個体側要因によって発病したことが医学的に見て明らかな場合としては、例えば、就業年齢前の若年期から精神障害の発病と寛解を繰り返しており、請求に係る精神障害がその一連の病態である場合や、重度のアルコール依存状況がある場合等がある。

　個体側要因がある場合の評価については、具体的内容として、①既往歴、②生活史（社会適応状況）、③アルコール等依存状況、④性格傾向および⑤家族歴──を挙げ、これらを総合して精神医学的に判断するという基本的考えに立っています。

　具体的には、業務による強い心理的負荷が認められる事案については、就業年齢前の若年期から精神障害の発病と寛解を繰り返しており、請求に係る精神障害がその一連の病態である場合や、重度のアルコール依存状況がある場合等、個体側要因によって発病したことが医学的に見て明らかであると判断できる場合に限って業務起因性を否定することが適当である等とされています。

◆業務以外の心理的負荷評価表（別表２）

出来事の類型	具体的出来事	心理的負荷の強度 I	II	III
①自分の出来事	離婚又は夫婦が別居した			☆
	自分が重い病気やケガをした又は流産した			☆
	自分が病気やケガをした		☆	
	夫婦のトラブル、不和があった	☆		
	自分が妊娠した	☆		
	定年退職した	☆		
②自分以外の家族・親族の出来事	配偶者や子供、親又は兄弟が死亡した			☆
	配偶者や子供が重い病気やケガをした			☆
	親類の誰かで世間的にまずいことをした人が出た			☆
	親族とのつきあいで困ったり、辛い思いをしたことがあった		☆	
	親が重い病気やケガをした		☆	
	家族が婚約した又はその話が具体化した	☆		
	子供の入試・進学があった又は子供が受験勉強を始めた	☆		
	親子の不和、子供の問題行動、非行があった	☆		
	家族が増えた（子供が産まれた）又は減った（子供が独立して家を離れた）	☆		
	配偶者が仕事を始めた又は辞めた	☆		
③金銭関係	多額の財産を損失した又は突然大きな支出があった			☆
	収入が減少した		☆	
	借金返済の遅れ、困難があった		☆	
	住宅ローン又は消費者ローンを借りた	☆		
④事件、事故、災害の体験	天災や火災などにあった又は犯罪に巻き込まれた			☆
	自宅に泥棒が入った		☆	
	交通事故を起こした		☆	
	軽度の法律違反をした	☆		
⑤住環境の変化	騒音等、家の周囲の環境（人間環境を含む）が悪化した		☆	
	引越した		☆	
	家屋や土地を売買した又はその具体的な計画が持ち上がった	☆		
	家族以外の人（知人、下宿人など）が一緒に住むようになった	☆		
⑥他人との人間関係	友人、先輩に裏切られショックを受けた		☆	
	親しい友人、先輩が死亡した		☆	
	失恋、異性関係のもつれがあった		☆	
	隣近所とのトラブルがあった		☆	

（注）心理的負荷の強度ⅠからⅢは、別表１と同程度である。

◆業務による心理的負荷評価表（別表1）

特別な出来事

特別な出来事の類型	心理的負荷の総合評価を「強」とするもの	
心理的負荷が極度のもの	・ 生死にかかわる、極度の苦痛を伴う、又は永久労働不能となる後遺障害を残す業務上の病気やケガをした（業務上の傷病により6か月を超えて療養中に症状が急変し極度の苦痛を伴った場合を含む）	…項目1関連
	・ 業務に関連し、他人を死亡させ、又は生死にかかわる重大なケガを負わせた（故意によるものを除く）	…項目3関連
	・ 強姦や、本人の意思を抑圧して行われたわいせつ行為などのセクシュアルハラスメントを受けた	…項目36関連
	・ その他、上記に準ずる程度の心理的負荷が極度と認められるもの	
極度の長時間労働	・ 発病直前の1か月におおむね160時間を超えるような、又はこれに満たない期間にこれと同程度の（例えば3週間におおむね120時間以上の）時間外労働を行った（休憩時間は少ないが手待時間が多い場合等、労働密度が特に低い場合を除く）	…項目16関連

※「特別な出来事」に該当しない場合には、それぞれの関連項目により評価する。

特別な出来事以外

（総合評価における共通事項）
1 出来事後の状況の評価に共通の視点
　　出来事後の状況として、表に示す「心理的負荷の総合評価の視点」のほか、以下に該当する状況のうち、著しいものは総合評価を強める要素として考慮する。
　① 仕事の裁量性の欠如（他律性、強制性の存在）。具体的には、仕事が孤独で単調となった、自分で仕事の順番・やり方を決めることができなくなった、自分の技能や知識を仕事で使うことが要求されなくなった等。
　② 職場環境の悪化。具体的には、騒音、照明、温度（暑熱・寒冷）、湿度（多湿）、換気、臭気の悪化等。
　③ 職場の支援・協力等（問題への対処等を含む）の欠如。具体的には、仕事のやり方の見直し改善、応援体制の確立、責任の分散等、支援・協力がなされていない等。
　④ 上記以外の状況であって、出来事に伴って発生したと認められるもの（他の出来事と評価できるものを除く。）

2 恒常的長時間労働が認められる場合の総合評価
　① 具体的出来事の心理的負荷の強度が労働時間を加味せずに「中」程度と評価される場合であって、出来事の後に恒常的な長時間労働（月100時間程度となる時間外労働）が認められる場合には、総合評価は「強」とする。
　② 具体的出来事の心理的負荷の強度が労働時間を加味せずに「中」程度と評価される場合であって、出来事の前に恒常的な長時間労働（月100時間程度となる時間外労働）が認められ、出来事後すぐに（出来事後おおむね10日以内に）発病に至っている場合、又は、出来事後すぐに発病には至っていないが事後対応に多大な労力を費しその後発病した場合、総合評価は「強」とする。
　③ 具体的出来事の心理的負荷の強度が、労働時間を加味せずに「弱」程度と評価される場合であって、出来事の前及び後にそれぞれ恒常的な長時間労働（月100時間程度となる時間外労働）が認められる場合には、総合評価は「強」とする。

（具体的出来事）

	出来事の類型	具体的出来事	平均的な心理的負荷の強度			心理的負荷の総合評価の視点
			心理的負荷の強度			
			Ⅰ	Ⅱ	Ⅲ	
1	①事故や災害の体験	（重度の）病気やケガをした			☆	・病気やケガの程度 ・後遺障害の程度、社会復帰の困難性等
2		悲惨な事故や災害の体験、目撃をした		☆		・本人が体験した場合、予感させる被害の程度 ・他人の事故を目撃した場合、被害の程度や被害者との関係等

(別表1)

心理的負荷の強度を「弱」「中」「強」と判断する具体例		
弱	中	強
【解説】 右の程度に至らない病気やケガについて、その程度等から「弱」又は「中」と評価		○**重度の病気やケガをした** 【「強」である例】 ・長期間（おおむね2か月以上）の入院を要する、又は労災の障害年金に該当する若しくは原職への復帰ができなくなる後遺障害を残すような業務上の病気やケガをした ・業務上の傷病により6か月を超えて療養中の者について、当該傷病により社会復帰が困難な状況にあった、死の恐怖や強い苦痛が生じた
【「弱」になる例】 ・業務に関連し、本人の負傷は軽症・無傷で、悲惨とまではいえない事故等の体験、目撃をした	○**悲惨な事故や災害の体験、目撃をした** 【「中」である例】 ・業務に関連し、本人の負傷は軽症・無傷で、右の程度に至らない悲惨な事故等の体験、目撃をした	【「強」になる例】 ・業務に関連し、本人の負傷は軽度・無傷であったが、自らの死を予感させる程度の事故等を体験した ・業務に関連し、被害者が死亡する事故、多量の出血を伴うような事故等特に悲惨な事故であって、本人が巻き込まれる可能性がある状況や、本人が被害者を救助することができたかもしれない状況を伴う事故を目撃した（傍観者的な立場での目撃は、「強」になることはまれ）

第2章　認定基準の解説

	出来事の類型	平均的な心理的負荷の強度				心理的負荷の総合評価の視点
		具体的出来事	心理的負荷の強度			
			I	II	III	
3	②仕事の失敗、過重な責任の発生等	業務に関連し、重大な人身事故、重大事故を起こした			☆	・事故の大きさ、内容及び加害の程度 ・ペナルティ・責任追及の有無及び程度、事後対応の困難性等
4		会社の経営に影響するなどの重大な仕事上のミスをした			☆	・失敗の大きさ・重大性、社会的反響の大きさ、損害等の程度 ・ペナルティ・責任追及の有無及び程度、事後対応の困難性等

(別表1)

心理的負荷の強度を「弱」「中」「強」と判断する具体例			
	弱	中	強
	【解説】 負わせたケガの程度、事後対応の内容等から「弱」又は「中」と評価		**○業務に関連し、重大な人身事故、重大事故を起こした** 【「強」である例】 ・業務に関連し、他人に重度の病気やケガ（長期間（おおむね2か月以上）の入院を要する、又は労災の障害年金に該当する若しくは原職への復帰ができなくなる後遺障害を残すような病気やケガ）を負わせ、事後対応にも当たった ・他人に負わせたケガの程度は重度ではないが、事後対応に多大な労力を費した（減給、降格等の重いペナルティを課された、職場の人間関係が著しく悪化した等を含む）
	【解説】 ミスの程度、事後対応の内容等から「弱」又は「中」と評価		**○会社の経営に影響するなどの重大な仕事上のミスをし、事後対応にも当たった** 【「強」である例】 ・会社の経営に影響するなどの重大な仕事上のミス（倒産を招きかねないミス、大幅な業績悪化に繋がるミス、会社の信用を著しく傷つけるミス等）をし、事後対応にも当たった ・「会社の経営に影響するなどの重大な仕事上のミス」とまでは言えないが、その事後対応に多大な労力を費した（懲戒処分、降格、月給額を超える賠償責任の追及等重いペナルティを課された、職場の人間関係が著しく悪化した等を含む）

	出来事の類型	平均的な心理的負荷の強度				心理的負荷の総合評価の視点
		具体的出来事	心理的負荷の強度			
			Ⅰ	Ⅱ	Ⅲ	
5	②仕事の失敗、過重な責任の発生等（続き）	会社で起きた事故、事件について、責任を問われた		☆		・事故、事件の内容、関与・責任の程度、社会的反響の大きさ等 ・ペナルティの有無及び程度、責任追及の程度、事後対応の困難性等 (注) この項目は、部下が起こした事故等、本人が直接引き起こしたものではない事故、事件について、監督責任等を問われた場合の心理的負荷を評価する。本人が直接引き起こした事故等については、項目4で評価する。
6		自分の関係する仕事で多額の損失等が生じた		☆		・損失等の程度、社会的反響の大きさ等 ・事後対応の困難性等 (注) この項目は、取引先の倒産など、多額の損失等が生じた原因に本人が関与していないものの、それに伴う対応等による心理的負荷を評価する。本人のミスによる多額の損失等については、項目4で評価する。

(別表1)

心理的負荷の強度を「弱」「中」「強」と判断する具体例

弱	中	強
【「弱」になる例】 ・軽微な事故、事件（損害等の生じない事態、その後の業務で容易に損害等を回復できる事態、社内でたびたび生じる事態等）の責任（監督責任等）を一応問われたが、特段の事後対応はなかった	○会社で起きた事故、事件について、責任を問われた 【「中」である例】 ・立場や職責に応じて事故、事件の責任（監督責任等）を問われ、何らかの事後対応を行った	【「強」になる例】 ・重大な事故、事件（倒産を招きかねない事態や大幅な業績悪化に繋がる事態、会社の信用を著しく傷つける事態、他人を死亡させ、又は生死に関わるケガを負わせる事態等）の責任（監督責任等）を問われ、事後対応に多大な労力を費した ・重大とまではいえない事故、事件ではあるが、その責任（監督責任等）を問われ、立場や職責を大きく上回る事後対応を行った（減給、降格等の重いペナルティが課された等を含む）
【「弱」になる例】 ・多額とはいえない損失（その後の業務で容易に回復できる損失、社内でたびたび生じる損失等）等が生じ、何らかの事後対応を行った	○自分の関係する仕事で多額の損失等が生じた 【「中」である例】 ・多額の損失等が生じ、何らかの事後対応を行った	【「強」になる例】 ・会社の経営に影響するなどの特に多額の損失（倒産を招きかねない損失、大幅な業績悪化に繋がる損失等）が生じ、倒産を回避するための金融機関や取引先への対応等の事後対応に多大な労力を費した

第2章　認定基準の解説

	出来事の類型	平均的な心理的負荷の強度				心理的負荷の総合評価の視点
		具体的出来事	心理的負荷の強度			
			I	II	III	
7	②仕事の失敗、過重な責任の発生等（続き）	業務に関連し、違法行為を強要された		☆		・違法性の程度、強要の程度（頻度、方法）等 ・事後のペナルティの程度、事後対応の困難性等
8		達成困難なノルマが課された		☆		・ノルマの内容、困難性、強制の程度、達成できなかった場合の影響、ペナルティの有無等 ・その後の業務内容・業務量の程度、職場の人間関係等
9		ノルマが達成できなかった		☆		・達成できなかったことによる経営上の影響度、ペナルティの程度等 ・事後対応の困難性等 （注）期限に至っていない場合でも、達成できない状況が明らかになった場合にはこの項目で評価する。

(別表1)

	心理的負荷の強度を「弱」「中」「強」と判断する具体例		
	弱	中	強
	【「弱」になる例】 ・業務に関連し、商慣習としてはまれに行われるような違法行為を求められたが、拒むことにより終了した	○**業務に関連し、違法行為を強要された** 【「中」である例】 ・業務に関連し、商慣習としてはまれに行われるような違法行為を命じられ、これに従った	【「強」になる例】 ・業務に関連し、重大な違法行為（人の生命に関わる違法行為、発覚した場合に会社の信用を著しく傷つける違法行為）を命じられた ・業務に関連し、反対したにもかかわらず、違法行為を執拗に命じられ、やむなくそれに従った ・業務に関連し、重大な違法行為を命じられ、何度もそれに従った ・業務に関連し、強要された違法行為が発覚し、事後対応に多大な労力を費した（重いペナルティを課された等を含む）
	【「弱」になる例】 ・同種の経験等を有する労働者であれば達成可能なノルマを課された ・ノルマではない業績目標が示された（当該目標が、達成を強く求められるものではなかった）	○**達成困難なノルマが課された** 【「中」である例】 ・達成は容易ではないものの、客観的にみて、努力すれば達成も可能であるノルマが課され、この達成に向けた業務を行った	【「強」になる例】 ・客観的に、相当な努力があっても達成困難なノルマが課され、達成できない場合には重いペナルティがあると予告された
	【「弱」になる例】 ・ノルマが達成できなかったが、何ら事後対応は必要なく、会社から責任を問われること等もなかった ・業績目標が達成できなかったものの、当該目標の達成は、強く求められていたものではなかった	○**ノルマが達成できなかった** 【「中」である例】 ・ノルマが達成できなかったことによりペナルティ（昇進の遅れ等を含む。）があった	【「強」になる例】 ・経営に影響するようなノルマ（達成できなかったことにより倒産を招きかねないもの、大幅な業績悪化につながるもの、会社の信用を著しく傷つけるもの等）が達成できず、そのため、事後対応に多大な労力を費した（懲戒処分、降格、左遷、賠償責任の追及等重いペナルティを課された等を含む）

第2章　認定基準の解説

	出来事の類型	平均的な心理的負荷の強度				心理的負荷の総合評価の視点
		具体的出来事	心理的負荷の強度			
			I	II	III	
10	②仕事の失敗、過重な責任の発生等（続き）	新規事業の担当になった、会社の建て直しの担当になった		☆		・新規業務の内容、本人の職責、困難性の程度、能力と業務内容のギャップの程度等 ・その後の業務内容、業務量の程度、職場の人間関係等
11		顧客や取引先から無理な注文を受けた		☆		・顧客・取引先の重要性、要求の内容等 ・事後対応の困難性等
12		顧客や取引先からクレームを受けた		☆		・顧客・取引先の重要性、会社に与えた損害の内容、程度等 ・事後対応の困難性等 (注) この項目は、本人に過失のないクレームについて評価する。本人のミスによるものは、項目4で評価する。

(別表1)

	心理的負荷の強度を「弱」「中」「強」と判断する具体例		
	弱	中	強
	【「弱」になる例】 ・軽微な新規事業等(新規事業であるが、責任が大きいとはいえないもの)の担当になった	○**新規事業の担当になった、会社の建て直しの担当になった** 【「中」である例】 ・新規事業等(新規プロジェクト、新規の研究開発、会社全体や不採算部門の建て直し等、成功に対する高い評価が期待されやりがいも大きいが責任も大きい業務)の担当になった。	【「強」になる例】 ・経営に重大な影響のある新規事業等(失敗した場合に倒産を招きかねないもの、大幅な業績悪化につながるもの、会社の信用を著しく傷つけるもの、成功した場合に会社の新たな主要事業になるもの等)の担当であって、事業の成否に重大な責任のある立場に就き、当該業務に当たった
	【「弱」になる例】 ・同種の経験等を有する労働者であれば達成可能な注文を出され、業務内容・業務量に一定の変化があった ・要望が示されたが、達成を強く求められるものではなく、業務内容・業務量に大きな変化もなかった	○**顧客や取引先から無理な注文を受けた** 【「中」である例】 ・業務に関連して、顧客や取引先から無理な注文(大幅な値下げや納期の繰上げ、度重なる設計変更等)を受け、何らかの事後対応を行った	【「強」になる例】 ・通常なら拒むことが明らかな注文(業績の著しい悪化が予想される注文、違法行為を内包する注文等)ではあるが、重要な顧客や取引先からのものであるためこれを受け、他部門や別の取引先と困難な調整に当たった
	【「弱」になる例】 ・顧客等からクレームを受けたが、特に対応を求められるものではなく、取引関係や、業務内容・業務量に大きな変化もなかった	○**顧客や取引先からクレームを受けた** 【「中」である例】 ・業務に関連して、顧客等からクレーム(納品物の不適合の指摘等その内容が妥当なもの)を受けた	【「強」になる例】 ・顧客や取引先から重大なクレーム(大口の顧客等の喪失を招きかねないもの、会社の信用を著しく傷つけるもの等)を受け、その解消のために他部門や別の取引先と困難な調整に当たった

	出来事の類型	具体的出来事	平均的な心理的負荷の強度			心理的負荷の総合評価の視点
			心理的負荷の強度			
			Ⅰ	Ⅱ	Ⅲ	
13	②仕事の失敗、過重な責任の発生等（続き）	大きな説明会や公式の場での発表を強いられた	☆			・説明会等の規模、業務内容と発表内容のギャップ、強要、責任、事前準備の程度等
14		上司が不在になることにより、その代行を任された	☆			・代行した業務の内容、責任の程度、本来業務との関係、能力・経験とのギャップ、職場の人間関係等 ・代行期間等
15	③仕事の量・質	仕事内容・仕事量の（大きな）変化を生じさせる出来事があった		☆		・業務の困難性、能力・経験と業務内容のギャップ等 ・時間外労働、休日労働、業務の密度の変化の程度、仕事内容、責任の変化の程度等 （注）発病前おおむね6か月において、時間外労働時間数に変化がみられる場合には、他の項目で評価される場合でも、この項目でも評価する。
16		1か月に80時間以上の時間外労働を行った		☆		・業務の困難性 ・長時間労働の継続期間 （注）この項目の「時間外労働」は、すべて休日労働時間を含む。

(別表1)

	心理的負荷の強度を「弱」「中」「強」と判断する具体例		
	弱	中	強
	○大きな説明会や公式の場での発表を強いられた	【解説】説明会等の内容や事前準備の程度、本人の経験等から評価するが、「強」になることはまれ	
	○上司が不在になることにより、その代行を任された	【解説】代行により課せられた責任の程度、その期間や代行した業務内容、本人の過去の経験等とのギャップ等から評価するが、「強」になることはまれ	
	【「弱」になる例】 ・仕事内容の変化が容易に対応できるもの（※）であり、変化後の業務の負荷が大きくなかった ※会議・研修等の参加の強制、職場のOA化の進展、部下の増加、同一事業場内の所属部署の統廃合、担当外業務としての非正規職員の教育等 ・仕事量（時間外労働時間数等）に、「中」に至らない程度の変化があった	○仕事内容・仕事量の大きな変化を生じさせる出来事があった 【「中」である例】 ・担当業務内容の変更、取引量の急増等により、仕事内容、仕事量の大きな変化（時間外労働時間数としてはおおむね20時間以上増加し1月当たりおおむね45時間以上となるなど）が生じた	【「強」になる例】 ・仕事量が著しく増加して時間外労働も大幅に増える（倍以上に増加し、1月当たりおおむね100時間以上となる）などの状況になり、その後の業務に多大な労力を費した（休憩・休日を確保するのが困難なほどの状態となった等を含む） ・過去に経験したことがない仕事内容に変更となり、常時緊張を強いられる状態となった
	【「弱」になる例】 ・1か月に80時間未満の時間外労働を行った (注) 他の項目で評価されない場合のみ評価する。	○1か月に80時間以上の時間外労働を行った (注) 他の項目で評価されない場合のみ評価する。	【「強」になる例】 ・発病直前の連続した2か月間に、1月当たりおおむね120時間以上の時間外労働を行い、その業務内容が通常その程度の労働時間を要するものであった ・発病直前の連続した3か月間に、1月当たりおおむね100時間以上の時間外労働を行い、その業務内容が通常その程度の労働時間を要するものであった

	出来事の類型	平均的な心理的負荷の強度				心理的負荷の総合評価の視点
		具体的出来事	心理的負荷の強度			
			Ⅰ	Ⅱ	Ⅲ	
17	③仕事の量・質（続き）	２週間以上にわたって連続勤務を行った			☆	・業務の困難性、能力・経験と業務内容のギャップ等 ・時間外労働、休日労働、業務密度の変化の程度、業務の内容、責任の変化の程度等
18		勤務形態に変化があった	☆			・交替制勤務、深夜勤務等変化の程度、変化後の状況等
19		仕事のペース、活動の変化があった	☆			・変化の程度、強制性、変化後の状況等
20	④役割・地位の変化等	退職を強要された			☆	・解雇又は退職強要の経過、強要の程度、職場の人間関係等 (注) ここでいう「解雇又は退職強要」には、労働契約の形式上期間を定めて雇用されている者であっても、当該契約が期間の定めのない契約と実質的に異ならない状態となっている場合の雇止めの通知を含む。

(別表1)

	心理的負荷の強度を「弱」「中」「強」と判断する具体例		
	弱	中	強
	【「弱」になる例】 ・休日労働を行った	○2週間（12日）以上にわたって連続勤務を行った 【「中」である例】 ・平日の時間外労働だけではこなせない業務量がある、休日に対応しなければならない業務が生じた等の事情により、2週間（12日）以上にわたって連続勤務を行った（1日あたりの労働時間が特に短い場合、手待時間が多い等の労働密度が特に低い場合を除く）	【「強」になる例】 ・1か月以上にわたって連続勤務を行った ・2週間（12日）以上にわたって連続勤務を行い、その間、連日、深夜時間帯に及ぶ時間外労働を行った（いずれも、1日あたりの労働時間が特に短い場合、手待時間が多い等の労働密度が特に低い場合を除く）
	○勤務形態に変化があった	【解説】 変更後の勤務形態の内容、一般的な日常生活とのギャップ等から評価するが、「強」になることはまれ	
	○仕事のペース、活動の変化があった	【解説】 仕事のペースの変化の程度、労働者の過去の経験等とのギャップ等から評価するが、「強」になることはまれ	
	【解説】 退職勧奨が行われたが、その方法、頻度等からして強要とはいえない場合には、その方法等から「弱」又は「中」と評価		○退職を強要された 【「強」である例】 ・退職の意思のないことを表明しているにもかかわらず、執拗に退職を求められた ・恐怖感を抱かせる方法を用いて退職勧奨された ・突然解雇の通告を受け、何ら理由が説明されることなく、説明を求めても応じられず、撤回されることもなかった

第2章　認定基準の解説

	出来事の類型	平均的な心理的負荷の強度				心理的負荷の総合評価の視点
		具体的出来事	心理的負荷の強度			
			Ⅰ	Ⅱ	Ⅲ	
21	④役割・地位の変化等（続き）	配置転換があった		☆		・職種、職務の変化の程度、配置転換の理由・経過等 ・業務の困難性、能力・経験と業務内容のギャップ等 ・その後の業務内容、業務量の程度、職場の人間関係等 （注）出向を含む。
22		転勤をした		☆		・職種、職務の変化の程度、転勤の理由・経過、単身赴任の有無、海外の治安の状況等 ・業務の困難性、能力・経験と業務内容のギャップ等 ・その後の業務内容、業務量の程度、職場の人間関係等
23		複数名で担当していた業務を1人で担当するようになった		☆		・業務の変化の程度等 ・その後の業務内容、業務量の程度、職場の人間関係等

(別表1)

心理的負荷の強度を「弱」「中」「強」と判断する具体例		
弱	中	強
【「弱」になる例】 ・以前に経験した業務等、配置転換後の業務が容易に対応できるものであり、変化後の業務の負荷が軽微であった	○配置転換があった (注)ここでの「配置転換」は、所属部署（担当係等）、勤務場所の変更を指し、転居を伴うものを除く。	【「強」になる例】 ・過去に経験した業務と全く異なる質の業務に従事することとなったため、配置転換後の業務に対応するのに多大な労力を費した ・配置転換後の地位が、過去の経験からみて異例なほど重い責任が課されるものであった ・左遷された（明らかな降格であって配置転換としては異例なものであり、職場内で孤立した状況になった）
【「弱」になる例】 ・以前に経験した場所である等、転勤後の業務が容易に対応できるものであり、変化後の業務の負荷が軽微であった	○転勤をした (注)ここでの「転勤」は、勤務場所の変更であって転居を伴うものを指す。なお、業務内容の変化についての評価は、項目21に準じて判断する。	【「強」になる例】 ・転勤先は初めて赴任する外国であって現地の職員との会話が不能、治安状況が不安といったような事情から、転勤後の業務遂行に著しい困難を伴った
【「弱」になる例】 ・複数名で担当していた業務を一人で担当するようになったが、業務内容・業務量はほとんど変化がなかった	○複数名で担当していた業務を1人で担当するようになった 【「中」である例】 ・複数名で担当していた業務を一人で担当するようになり、業務内容・業務量に何らかの変化があった。	【「強」になる例】 ・業務を一人で担当するようになったため、業務量が著しく増加し時間外労働が大幅に増えるなどの状況になり、かつ、必要な休憩・休日も取れない等常時緊張を強いられるような状態となった

	出来事の類型	具体的出来事	平均的な心理的負荷の強度			心理的負荷の総合評価の視点
			心理的負荷の強度			
			I	II	III	
24	④役割・地位の変化等（続き）	非正規社員であるとの理由等により、仕事上の差別、不利益取扱いを受けた		☆		・差別・不利益取扱いの理由・経過、内容、程度、職場の人間関係等 ・その継続する状況
25		自分の昇格・昇進があった	☆			・職務・責任の変化の程度等 ・その後の業務内容、職場の人間関係等
26		部下が減った	☆			・職場における役割・位置付けの変化、業務の変化の内容・程度等 ・その後の業務内容、職場の人間関係等
27		早期退職制度の対象となった	☆			・対象者選定の合理性、代償措置の内容、制度の事前周知の状況、その後の状況、職場の人間関係等
28		非正規社員である自分の契約満了が迫った	☆			・契約締結時、期間満了前の説明の有無、その内容、その後の状況、職場の人間関係等

(別表1)

	心理的負荷の強度を「弱」「中」「強」と判断する具体例		
	弱	中	強
	【「弱」になる例】 ・社員間に処遇の差異があるが、その差は小さいものであった	○非正規社員であるとの理由等により、仕事上の差別、不利益取扱いを受けた 【「中」である例】 ・非正規社員であるとの理由、又はその他の理由により、仕事上の差別、不利益取扱いを受けた ・業務の遂行から疎外・排除される取扱いを受けた	【「強」になる例】 ・仕事上の差別、不利益取扱いの程度が著しく大きく、人格を否定するようなものであって、かつこれが継続した
	○自分の昇格・昇進があった	【解説】 本人の経験等と著しく乖離した責任が課せられる等の場合に、昇進後の職責、業務内容等から評価するが、「強」になることはまれ	
	○部下が減った	【解説】 部下の減少がペナルティの意味を持つものである等の場合に、減少の程度（人数等）等から評価するが、「強」になることはまれ	
	○早期退職制度の対象となった	【解説】 制度の創設が突然であり退職までの期間が短い等の場合に、対象者選定の基準等から評価するが、「強」になることはまれ	
	○非正規社員である自分の契約満了が迫った	【解説】 事前の説明に反した突然の契約終了（雇止め）通告であり契約終了までの期間が短かった等の場合に、その経過等から評価するが、「強」になることはまれ	

第2章　認定基準の解説

	出来事の類型	具体的出来事	平均的な心理的負荷の強度			心理的負荷の総合評価の視点
			心理的負荷の強度			
			Ⅰ	Ⅱ	Ⅲ	
29	⑤対人関係	(ひどい)嫌がらせ、いじめ、又は暴行を受けた			☆	・嫌がらせ、いじめ、暴行の内容、程度等 ・その継続する状況 (注)上司から業務指導の範囲内の叱責等を受けた場合、上司と業務をめぐる方針等において対立が生じた場合等は、項目30等で評価する。
30		上司とのトラブルがあった		☆		・トラブルの内容、程度等 ・その後の業務への支障等
31		同僚とのトラブルがあった		☆		・トラブルの内容、程度、同僚との職務上の関係等 ・その後の業務への支障等

（別表1）

	心理的負荷の強度を「弱」「中」「強」と判断する具体例		
	弱	中	強
	【解説】 部下に対する上司の言動が業務指導の範囲を逸脱し、又は同僚等による多人数が結託しての言動が、それぞれ右の程度に至らない場合について、その内容、程度、経過と業務指導からの逸脱の程度により「弱」又は「中」と評価 【「弱」になる例】 ・複数の同僚等の発言により不快感を覚えた（客観的には嫌がらせ、いじめとはいえないものも含む）	【「中」になる例】 ・上司の叱責の過程で業務指導の範囲を逸脱した発言があったが、これが継続していない ・同僚等が結託して嫌がらせを行ったが、これが継続していない	○ひどい嫌がらせ、いじめ、又は暴行を受けた【「強」である例】 ・部下に対する上司の言動が、業務指導の範囲を逸脱しており、その中に人格や人間性を否定するような言動が含まれ、かつ、これが執拗に行われた ・同僚等による多人数が結託しての人格や人間性を否定するような言動が執拗に行われた ・治療を要する程度の暴行を受けた
	【「弱」になる例】 ・上司から、業務指導の範囲内である指導・叱責を受けた ・業務をめぐる方針等において、上司との考え方の相違が生じた（客観的にはトラブルとはいえないものも含む）	○上司とのトラブルがあった 【「中」である例】 ・上司から、業務指導の範囲内である強い指導・叱責を受けた ・業務をめぐる方針等において、周囲からも客観的に認識されるような対立が上司との間に生じた	【「強」になる例】 ・業務をめぐる方針等において、周囲からも客観的に認識されるような大きな対立が上司との間に生じ、その後の業務に大きな支障を来した
	【「弱」になる例】 ・業務をめぐる方針等において、同僚との考え方の相違が生じた（客観的にはトラブルとはいえないものも含む）	○同僚とのトラブルがあった 【「中」である例】 ・業務をめぐる方針等において、周囲からも客観的に認識されるような対立が同僚との間に生じた	【「強」になる例】 ・業務をめぐる方針等において、周囲からも客観的に認識されるような大きな対立が多数の同僚との間に生じ、その後の業務に大きな支障を来した

第2章 認定基準の解説

	出来事の類型	平均的な心理的負荷の強度				心理的負荷の総合評価の視点
		具体的出来事	心理的負荷の強度			
			Ⅰ	Ⅱ	Ⅲ	
32	⑤対人関係(続き)	部下とのトラブルがあった		☆		・トラブルの内容、程度等 ・その後の業務への支障等
33		理解してくれていた人の異動があった	☆			
34		上司が替わった	☆			(注)上司が替わったことにより、当該上司との関係に問題が生じた場合には、項目30で評価する。
35		同僚等の昇進・昇格があり、昇進で先を越された	☆			

(別表1)

	心理的負荷の強度を「弱」「中」「強」と判断する具体例		
	弱	中	強
	【「弱」になる例】 ・業務をめぐる方針等において、部下との考え方の相違が生じた（客観的にはトラブルとはいえないものも含む）	○部下とのトラブルがあった 【「中」である例】 ・業務をめぐる方針等において、周囲からも客観的に認識されるような対立が部下との間に生じた	【「強」になる例】 ・業務をめぐる方針等において、周囲からも客観的に認識されるような大きな対立が多数の部下との間に生じ、その後の業務に大きな支障を来した
	○理解してくれていた人の異動があった		
	○上司が替わった		
	○同僚等の昇進・昇格があり、昇進で先を越された		

第2章　認定基準の解説

	出来事の類型	具体的出来事	平均的な心理的負荷の強度			心理的負荷の総合評価の視点
			心理的負荷の強度			
			Ⅰ	Ⅱ	Ⅲ	
36	⑥セクシュアルハラスメント	セクシュアルハラスメントを受けた		☆		・セクシュアルハラスメントの内容、程度等 ・その継続する状況 ・会社の対応の有無及び内容、改善の状況、職場の人間関係等

(別表1)

	心理的負荷の強度を「弱」「中」「強」と判断する具体例		
	弱	中	強
	【「弱」になる例】 ・「○○ちゃん」等のセクシュアルハラスメントに当たる発言をされた場合 ・職場内に水着姿の女性のポスター等を掲示された場合	○**セクシュアルハラスメントを受けた** 【「中」である例】 ・胸や腰等への身体接触を含むセクシュアルハラスメントであっても、行為が継続しておらず、会社が適切かつ迅速に対応し発病前に解決した場合 ・身体接触のない性的な発言のみのセクシュアルハラスメントであって、発言が継続していない場合 ・身体接触のない性的な発言のみのセクシュアルハラスメントであって、複数回行われたものの、会社が適切かつ迅速に対応し発病前にそれが終了した場合	【「強」になる例】 ・胸や腰等への身体接触を含むセクシュアルハラスメントであって、継続して行われた場合 ・胸や腰等への身体接触を含むセクシュアルハラスメントであって、行為は継続していないが、会社に相談しても適切な対応がなく、改善されなかった又は会社への相談等の後に職場の人間関係が悪化した場合 ・身体接触のない性的な発言のみのセクシュアルハラスメントであって、発言の中に人格を否定するようなものを含み、かつ継続してなされた場合 ・身体接触のない性的な発言のみのセクシュアルハラスメントであって、性的な発言が継続してなされ、かつ会社がセクシュアルハラスメントがあると把握していても適切な対応がなく、改善がなされなかった場合

6 認定基準のポイント～第5 精神障害の悪化の業務起因性

> **第5　精神障害の悪化の業務起因性**
>
> 　業務以外の原因や業務による弱い（「強」と評価できない）心理的負荷により発病して治療が必要な状態にある精神障害が悪化した場合、悪化の前に強い心理的負荷となる業務による出来事が認められることをもって直ちにそれが当該悪化の原因であるとまで判断することはできず、原則としてその悪化について業務起因性は認められない。
> 　ただし、別表1の「特別な出来事」に該当する出来事があり、その後おおむね6か月以内に対象疾病が自然経過を超えて著しく悪化したと医学的に認められる場合については、その「特別な出来事」による心理的負荷が悪化の原因であると推認し、悪化した部分について、労働基準法施行規則別表1の2第9号に該当する業務上の疾病として取り扱う。
> 　上記の「治療が必要な状態」とは、実際に治療が行われているものに限らず、医学的にその状態にあると判断されるものを含む。

　上記の内容につき、報告書では、次のとおり詳細に示されています。

> 　既に軽度の精神障害を発病している者が、新たな心理的負荷を要因として精神障害を重症化させることは、臨床において経験することがある。
> 　このため、既に業務外の精神障害を発病している労働者が、発病後に生じた業務による心理的負荷が要因となって、精神障害を悪化させることはあり得ると考える。
> 　しかしながら、一般に、既に精神障害を発病して治療が必要な状態にある

者（したがって、過去に精神障害を発病したが既に治ゆしている者とは異なる）は、病的状態に起因した思考から自責的・自罰的になり、ささいな心理的負荷に過大に反応するのであり、悪化の原因は必ずしも大きな心理的負荷によるものとは限らない。また、自然経過によって悪化する過程においてたまたま業務による心理的負荷が重なっていたにすぎない場合もある。このような精神障害の特性を考慮すると、悪化の前に強い心理的負荷となる業務による出来事が認められたことをもって、直ちにそれが精神障害の悪化の原因であるとまで判断することは現時点では医学上困難であり、したがって、業務起因性を認めることも困難といわざるを得ない。

本検討会では、これらの事情も勘案し、既に精神障害を発病している労働者本人の要因が業務起因性の判断に影響することが非常に少ない極めて強い心理的負荷があるケース、具体的には「特別な出来事」に該当する出来事があり、その後おおむね６か月以内に精神障害が自然経過を超えて著しく悪化したと医学的に認められる場合については、その心理的負荷が悪化の原因であると推認して、業務起因性を認めるのが適当との結論に至った。

また、精神障害で長期間にわたり通院を継続しているものの、症状がなく（寛解状態にあり）、または安定していた状態で、通常の勤務を行っていた者の事案については、ここでいう「発病後の悪化」の問題としてではなく、治ゆ（症状固定）後の新たな発病として判断すべきものが少なくないことや、発病時期の特定が難しい事案について、ささいな言動の変化をとらえて発病していたと判断し、それを理由にその後の出来事を発病後のものととらえることは適当でない場合があることに留意する必要がある。

7 認定基準のポイント 〜第6 専門家意見と認定要件の判断

① 主治医意見による判断

> **第6　専門家意見と認定要件の判断**
>
> 　認定要件を満たすか否かを判断するに当たっては、医師の意見と認定した事実に基づき次のとおり行う。
>
> **1　主治医意見による判断**
> 　　すべての事案（対象疾病の治療歴がない自殺に係る事案を除く。）について、主治医から、疾患名、発病時期、主治医の考える発病原因及びそれらの判断の根拠についての意見を求める。
> 　　その結果、労働基準監督署長（以下「署長」という。）が認定した事実と主治医の診断の前提となっている事実が対象疾病の発病時期やその原因に関して矛盾なく合致し、その事実を別表1に当てはめた場合に「強」に該当することが明らかで、下記2（筆者注：専門医意見による判断）又は3（筆者注：専門部会意見による判断）に該当しない場合には、認定要件を満たすものと判断する。

　当第6以下は、専門家の意見に関して記載された項目です。請求事案に応じて、①主治医意見による判断で決定するもの、②専門医意見により判断するもの、③専門医の合議制（専門部会）を継続するもの——に分けら

れました。

　なお、「行政庁が認定した事実と主治医の診断の前提となっている事実が発病時期やその原因に関して矛盾なく合致しており、その事実を新評価表に当てはめた場合に『強』に該当することが明らかな事案については、専門部会の協議・専門医からの意見聴取を経ずに業務起因性を認めることが適当である。ただし、疾患名がICD－10のF3（気分（感情）障害）及びF4（神経症性障害、ストレス関連障害および身体表現性障害）以外のものである場合は、事例が集積されていないことから、当面、専門医の意見を求めて慎重に判断すべきである」（報告書より）とされました。

 ## 専門医意見による判断

第6　専門家意見と認定要件の判断

　認定要件を満たすか否かを判断するに当たっては、医師の意見と認定した事実に基づき次のとおり行う。

2　専門医意見による判断

　　次の事案については、主治医の意見に加え、地方労災医員等の専門医に対して意見を求め、その意見に基づき認定要件を満たすか否かを判断する。

> ① 主治医が発病時期やその原因を特定できない又はその根拠等があいまいな事案等、主治医の医学的判断の補足が必要な事案
> ② 疾患名が、ICD-10のF3(気分(感情)障害)及びF4(神経症性障害、ストレス関連障害および身体表現性障害)以外に該当する事案
> ③ 署長が認定した事実関係を別表1に当てはめた場合に、「強」に該当しない(「中」又は「弱」である)ことが明らかな事案
> ④ 署長が認定した事実関係を別表1に当てはめた場合に、明確に「強」に該当するが、業務以外の心理的負荷又は個体側要因が認められる事案(下記3③(筆者注:署長が認定した事実関係を別表1に当てはめた場合に、明確に「強」に該当するが、顕著な業務以外の心理的負荷又は個体側要因が認められる事案)に該当する事案を除く。)

　上記①から④に該当する事案は、主治医の意見に加え、地方労災医員等の専門医に対して意見を求め、その意見に基づき判断することとなっています。
　ただし、専門医が専門部会の協議を必要と判断した事案は、専門部会意見により判断することになります。

③ 専門部会意見による判断

> 第6　専門家意見と認定要件の判断
>
> 　認定要件を満たすか否かを判断するに当たっては、医師の意見と認定した事実に基づき次のとおり行う。
>
> 3　専門部会意見による判断
> 　次の事案については、主治医の意見に加え、地方労災医員協議会精神

障害等専門部会に協議して合議による意見を求め、その意見に基づき認定要件を満たすか否かを判断する。
① 自殺に係る事案
② 署長が認定した事実関係を別表1に当てはめた場合に、心理的負荷強度が「強」に該当するかどうかも含め判断しがたい事案
③ 署長が認定した事実関係を別表1に当てはめた場合に、明確に「強」に該当するが、顕著な業務以外の心理的負荷又は個体側要因が認められる事案
④ その他、専門医又は署長が、発病の有無、疾患名、発病時期、心理的負荷の強度の判断について高度な医学的検討が必要と判断した事案

　上記①から④の事案については、高度な医学的検討が必要であることから、引き続き専門医の合議（専門部会）により判断することとなっています。

④ 法律専門家の助言

第6　専門家意見と認定要件の判断

　認定要件を満たすか否かを判断するに当たっては、医師の意見と認定した事実に基づき次のとおり行う。

４　法律専門家の助言
　　関係者が相反する主張をする場合の事実認定の方法や関係する法律の内容等について、法律専門家の助言が必要な場合には、医学専門家の意見とは別に、法務専門員等の法律専門家の意見を求める。

精神障害の業務上外の決定にあたっては、医学的事項のほかに、法律専門家の助言が必要な場合もあるので、そのような場合には法務専門員等の法律専門家の意見を求めることにより適切に対応する必要があることとなっています。

精神障害の労災補償状況

 厚生労働省は、平成30年7月6日に、平成29年度の「精神障害の労災補償状況」を取りまとめ、公表しました。その概要は、以下のとおりです（支給決定件数には前年度からの繰越分を含みます）。

1 請求件数及び決定件数
   - 請求件数　　　　　1,732件（689）　　内自殺　221件（14）
   - 決定件数　　　　　1,545件（605）　　内自殺　208件（14）
   - うち支給決定件数　　506件（160）　　内自殺　 98件（ 4）
   - ［認定率　　　　　 32.8%（26.4%）　 内自殺　47.1%（28.6%）］
   - 注 ①上記は、労基則別表第1の2第9号に係る精神障害について集計したものである。
     ②決定件数は、当該年度内に業務上又は業務外の決定を行った件数で、当該年度以前に請求があったものを含む。
     ③支給決定件数は、決定件数のうち「業務上」と認定した件数である。
     ④認定率は、支給決定件数を決定件数で除した数である。
     ⑤自殺は、未遂を含む件数である。
     ⑥（　）内は女性の件数で、内数である。なお、認定率の（　）内は、女性の支給決定件数を決定件数で除した数である。

2 業種別（大分類）請求件数（上位業種）
　「医療, 福祉」313件　「製造業」308件　「卸売業, 小売業」232件

3 業種別（大分類）支給決定件数（上位業種）
　「製造業」87件　「医療, 福祉」82件　「卸売業, 小売業」65件

4 職種別（大分類）請求件数（上位職種）
　「専門的・技術的職業従事者」429件　「事務従事者」329件　「販売従事者」225件

5 職種別（大分類）支給決定件数（上位職種）
　「専門的・技術的職業」130件　「サービス職業」70件　「事務」66件

6 年齢別請求件数・支給決定件数（上位層）
   - 請求件数　　　　「40～49歳」522件　「30～39歳」446件
   　　　　　　　　　「20～29歳」363件
   - 支給決定件数　　「40～49歳」158件　「30～39歳」131件
   　　　　　　　　　「20～29歳」114件

7 出来事別支給決定件数
　「（ひどい）嫌がらせ、いじめ、又は暴行を受けた」88件
　「仕事内容・仕事量の（大きな）変化を生じさせる出来事があった」64件
　※「出来事」とは精神障害の発病に関与したと考えられる事象の心理的負荷の強度を評価するために、認定基準において、一定の事象を類型化したもの

（厚生労働省ホームページ・報道発表資料より）

8 認定基準のポイント〜 第7 療養及び治ゆ

第7　療養及び治ゆ

　心理的負荷による精神障害は、その原因を取り除き、適切な療養を行えば全治し、再度の就労が可能となる場合が多いが、就労が可能な状態でなくとも治ゆ（症状固定）の状態にある場合もある。

　例えば、医学的なリハビリテーション療法が実施された場合には、それが行われている間は療養期間となるが、それが終了した時点が通常は治ゆ（症状固定）となる。また、通常の就労が可能な状態で、精神障害の症状が現れなくなった又は安定した状態を示す「寛解」との診断がなされている場合には、投薬等を継続している場合であっても、通常は治ゆ（症状固定）の状態にあると考えられる。

　療養期間の目安を一概に示すことは困難であるが、例えば薬物が奏功するうつ病について、9割近くが治療開始から6か月以内にリハビリ勤務を含めた職場復帰が可能となり、また、8割近くが治療開始から1年以内、9割以上が治療開始から2年以内に治ゆ（症状固定）となるとする報告がある。

　なお、対象疾病がいったん治ゆ（症状固定）した後において再びその治療が必要な状態が生じた場合は、新たな発病と取り扱い、改めて上記第2の認定要件に基づき業務上外を判断する。

　治ゆ後、症状の動揺防止のため長期間にわたり投薬等が必要とされる場合にはアフターケア（平成19年4月23日付け基発第0423002号）を、一定の障害を残した場合には障害補償給付（労働者災害補償保険法第15条）を、それぞれ適切に実施する。

この内容につき、報告書では、次のように示されています。

> 　労災保険制度においては、「急性症状が消退し慢性症状は持続しても医療効果を期待し得ない状態となった場合」には症状固定と判断されることから、就労が可能な状態でなくとも症状固定の状態にある場合もあるが、労災認定された事案の中には、5年を超える等、非常に長期間にわたり療養を継続している例も少なくない実情にあり、これらの事例については、症状の変化や治療内容の経過を精査の上、治ゆ（症状固定）に至っていないかどうかについて、十分に検討することが必要と考えられる。
>
> 　また、精神障害の治療では「寛解」という診断がなされることがある。これは、治療により精神障害の症状が現れなくなった状態や安定した状態を示すものであり、通常の就労（一般に1日8時間の勤務）が可能な状態で「寛解」との診断がなされている場合には、労災保険制度でいう治ゆ（症状固定）の状態にあると考えてよい。

精神障害の後遺障害等級について

　脳の損傷によらない精神障害（非器質性精神障害）による後遺障害の認定基準については、その特質上、業務による心理的負荷を取り除き、適切な治療を行えば、多くの場合完治するのが一般的とされ、完治しない場合でも症状がかなり軽快するのが一般的であるとされています。また、重い症状を有している場合でも、大幅に症状が改善する可能性が十分にあることから、通勤・勤務時間の遵守、対人関係・協調性等の能力のうち、複数の能力が失われている等重い症状を有している者については、原則として療養を継続することとされています。

　障害等級の基準として、後遺障害が存しているというためには、精神症状（①抑うつ状態、②不安の状態、③意欲低下の状態、④慢性化した幻覚・妄想性の状態、⑤記憶または知的能力の障害、⑥その他の障害（衝動性の障害、不定愁訴など））のうち１つ以上の精神症状を残し、能力に関する判断項目（①身辺日常生活、②仕事・生活に積極性・関心を持つこと、③通勤・勤務時間の遵守、④普通に作業を持続すること、⑤他人との意思伝達、⑥対人関係・協調性、⑦身辺の安全保持・危機の回避、⑧困難・失敗への対応）のうち１つ以上の能力について障害が認められることを要します。

　そして障害等級としては、能力の障害の程度に応じ、原則として９級（対人業務につけないもの等）・12級（職種制限は認められないが、就労に当たりかなりの配慮が必要であるもの等）・14級（職種制限は認められないが、就労に当たり多少の配慮が必要であるもの等）の３段階で認定することとされています。

　　　　　　　　　平成15年８月８日基発第0808002号
　　　　　　「神経系統の機能又は精神の障害に関する障害等級認定基準」

障害等級別の給付額

治ゆ後の後遺障害に対しては、その障害の程度に応じて保険給付が行われます。具体的な給付額は、次表のとおりです。

障害等級	障害（補償）年金	障害特別支給金	障害特別年金
	給付基礎日額の	一時金として	算定基礎日額の
第1級	313日分	342万円	313日分
第2級	277日分	320万円	277日分
第3級	245日分	300万円	245日分
第4級	213日分	264万円	213日分
第5級	184日分	225万円	184日分
第6級	156日分	192万円	156日分
第7級	131日分	159万円	131日分
障害等級	障害補償一時金	障害特別支給金	障害特別一時金
	給付基礎日額の	一時金として	算定基礎日額の
第8級	503日分	65万円	503日分
第9級	391日分	50万円	391日分
第10級	302日分	39万円	302日分
第11級	223日分	29万円	223日分
第12級	156日分	20万円	156日分
第13級	101日分	14万円	101日分
第14級	56日分	8万円	56日分

9 認定基準のポイント ～ 第8 その他

① 自殺について

> **第8　その他**
>
> **1　自殺について**
>
> 　業務によりICD-10のF0からF4に分類される精神障害を発病したと認められる者が自殺を図った場合には、精神障害によって正常の認識、行為選択能力が著しく阻害され、あるいは自殺行為を思いとどまる精神的抑制力が著しく阻害されている状態に陥ったものと推定し、業務起因性を認める。
>
> 　その他、精神障害による自殺の取扱いについては、従前の例（平成11年9月14日付け基発第545号）による。

　業務によって精神障害が発病したと認められる者が自殺を図った場合は、当該精神障害によって正常な認識や行為選択能力、自殺行為を思いとどまる精神的な抑制力が著しく阻害されている状態に陥ったものと推定され、原則としてその死亡は保険給付の対象となります。

　また、遺書等の取扱いについては、遺書を書ける状態であったのだから心神喪失ではなかったという判断をすることなく、自殺に至る経緯に係る一資料として評価することとされています。

② セクシュアルハラスメント事案の留意事項

> 第8 その他
>
> 2 セクシュアルハラスメント事案の留意事項
> 　　セクシュアルハラスメントが原因で対象疾病を発病したとして労災請求がなされた事案の心理的負荷の評価に際しては、特に次の事項に留意する。
> ①　セクシュアルハラスメントを受けた者（以下「被害者」という。）は、勤務を継続したいとか、セクシュアルハラスメントを行った者（以下「行為者」という。）からのセクシュアルハラスメントの被害をできるだけ軽くしたいとの心理などから、やむを得ず行為者に迎合するようなメール等を送ることや、行為者の誘いを受け入れることがあるが、これらの事実がセクシュアルハラスメントを受けたことを単純に否定する理由にはならないこと。
> ②　被害者は、被害を受けてからすぐに相談行動をとらないことがあるが、この事実が心理的負荷が弱いと単純に判断する理由にはならないこと。
> ③　被害者は、医療機関でもセクシュアルハラスメントを受けたということをすぐに話せないこともあるが、初診時にセクシュアルハラスメントの事実を申し立てていないことが心理的負荷が弱いと単純に判断する理由にはならないこと。
> ④　行為者が上司であり被害者が部下である場合、行為者が正規職員で

> あり被害者が非正規労働者である場合等、行為者が雇用関係上被害者に対して優越的な立場にある事実は心理的負荷を強める要素となり得ること。

　「セクシュアルハラスメント事案に係る分科会報告書」(平成23年6月28日)において、「セクシュアルハラスメント事案の心理的負荷の強度を評価するに当たっての留意事項」として示された部分です。
　セクシュアルハラスメント被害者の立場という特異性から、業務上外の認定にあたり、心理的負荷の強度の判断を行う際の留意事項として示されています。

③ 本省協議

> **第8　その他**
>
> 　3　本省協議
> 　　ICD-10のF5からF9に分類される対象疾病に係る事案及び本認定基準により判断することが適当ではない事案については、本省に協議すること。

　業務に関連して発病する可能性のある精神障害は、主としてF2からF4に分類される精神障害です。仮にF5からF9に分類される事案で請求が行われた場合には、厚生労働省として事案の概要を把握する趣旨も含めて本省協議が必要としたものです。

◆精神障害の労災認定フローチャート

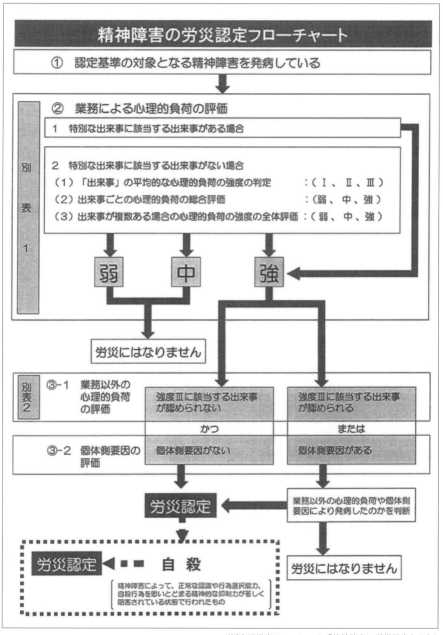

（厚生労働省リーフレット「精神障害の労災認定」より）

第3章

事例に学ぶ
精神障害に係る労災事案の評価

1 裁決事例

case 1
再審査請求事例
（平成28年労第565号）

争点

発病の有無

要点（審査会の判断）

　専門部会は、平成○年○月○日付け意見書において、請求人の発病の有無について、要旨、「D医師は、平成○年○月○日付け意見書で、請求人を『心身症、うつ状態（ICD−10診断ガイドライン　F45、F32)』と診断しているが、当該医療機関の診療録には、『F32　うつ病エピソード』の診断基準を満たす症状の記載はない。また、初診日に請求人が記入したPRIME−MD　PHQ−9の回答のうち、『物事に対してほとんど興味がない、または楽しめない』の回答は『殆ど毎日』であるのに対して、『新聞を読む、またはテレビを見ることなどに集中することが難しい』には『全くない』と回答しており、明らかに矛盾している。さらには、同僚の聴取書にみられる平成○年○月○日の懇親会、同年○月○日の宴会における請求人の言動や様子は『うつ病エピソード』にり患した人のものと矛盾していることから、請求人が『うつ病エピソード』を発病していなかったこと

が分かる。一方、D医師は、請求人を心身症とも診断して、ICD-10の『F45 身体表現性障害』を当てはめているが、身体表現性障害の臨床において、通常、患者は心理的原因の可能性について話し合おうとすることに抵抗するとされるところ、当該医療機関の診療録によれば、請求人は、症状の原因として自ら会社での業務を挙げており、請求人を『身体表現性障害』とするのも当たらない。さらに、『心身症』についても、請求人が訴えた症状は、周囲から観察された請求人の言動からも否定されるところ、請求人の訴えた症状を客観的に確認する等詳しく調べ、必要な心理的検査を含めて検討していないことから、同疾病であるとの診断も妥当なものではない。」とし、結局、請求人には業務に関連して発病する可能性のある精神障害は発病していないと判断している。

当審査会としても、本件の一件記録を精査したが、専門部会の前記意見は見解であるところ、当該意見について医学的妥当性を欠くとみるべき事情は認められないことから、専門部会の前記意見は妥当であって、請求人は業務に関連して発病する可能性のある精神障害を発病していたとは認められないと判断する。

> **POINT**
>
> 対象疾病の発病の有無、発病の時期および疾患名については、「ICD-10 精神および行動の障害 診療記録と診断ガイドライン」に基づき、さまざまな情報から得られた認定事実により、医学的に判断されます。本件は、医療機関の診療録、初診日に請求人が記入したPRIME-MD PHQ-9の回答、同僚の聴取等を根拠として、発病の事実がないと判断されたものです。

case 2

再審査請求事例
（平成28年労第523号）

争点

発病日

要点（審査会の判断）

　被災者に発病した精神障害の有無及び発病時期について、専門部会は、平成○年○月初旬頃に「F32.0　軽症うつ病エピソード」を発病したものと診断され、その後、症状が悪化し、平成○年○月○日には、「F32.1　中等症うつ病エピソード」になったと診断される旨の意見を述べており、被災者の症状経過に照らすと、当審査会としても専門部会の意見は妥当と判断する。

　なお、請求人は、平成○年○月初旬頃には種々の症状が現れてはいるが、前駆的な症状に過ぎず、精神障害の症状とはみられないから、被災者の精神障害発病時期は平成○年○月○日の失踪直前であるというべきである旨主張している。しかしながら、専門部会の意見は、被災者には、平成○年○月初旬頃から、その程度は軽いものの、思考力低下、睡眠障害、食欲低下などのうつ状態が見られ出したとして、医学的見地から、同月初旬頃に、本件疾病を発病したと判断されたものであり、一方、請求人側の主張は、被災者の妻から見て明らかに異常性を感じるようになった平成○年○月○日の週である同月○日の失踪直前頃を発病時期とすべきであるとしているが、その主張は、医学的な根拠に基づくものとは認め難く、これを採用することはできない。

> **POINT**
>
> 　本件は、発病日が争点となったものです。請求人はおおむね6か月間における業務上の出来事を複数主張しましたが、うち2つの出来事は被災者の本件疾病発病後の出来事であることは明らかであるとして、心理的負荷の評価の対象とはされませんでした。認定要件においては、発病前6か月間における業務による心理的負荷の強度を評価することになるため、「発病日」の判断が非常に重要であることがわかります。

2 精神障害の労災認定の要点

　ここでは、厚生労働省労働基準局労災補償部補償課職業病認定対策室作成の「精神障害の労災認定実務要領」に掲載された調査結果復命書の事例について、要点を整理します。

case 1
特別な出来事（生死に関わる事故への遭遇）があった事案【業務上】

事案の概要

概要：

運送会社ドライバー

- H23.3.5　故障して雪の中で立ち往生した同僚のトラックの具合を見ようと、トラックの下に入ったところ、ジャッキが外れトラックと地面の間に挟まれた。約1時間後に救出。
　　　　　整形受診　骨盤骨折・右股関節臼蓋後壁骨折で3か月入院。
- H23.3.6　神経精神科受診
　　　　　自覚症状　睡眠障害、不安、うつ気分
　　　　　疾患名　　急性ストレス反応（F4）

発病時期：

平成23年3月5日（主治医意見）

就業等事項・労働時間の把握等
・所定労働時間　7：30～16：30
・事業場はタイムカードで出退勤管理
・タイムカードの時間は実際の労働時間より短くなっているため、請求人、事業場関係者の申述、配送指定伝票をもとに労働時間を算出
・発症前1か月、発症前2か月間ないし6か月間の時間外労働時間数は次のとおり

　　　発病前1か月　51.00時間　／　発病前2か月　48.39時間
　　　発病前3か月　58.23時間　／　発病前4か月　29.08時間
　　　発病前5か月　42.00時間　／　発病前6か月　28.00時間

調査結果（主治医による意見書により決定）

1　「特別な出来事」（心理的負荷が極度のもの）に該当
　　トラックの下敷きとなり骨盤骨折という大きなけがを負っており、3か月の入院を要し、かつ本人が死を意識し、また現場に居合わせた同僚たちも一生歩けなくなるかもしれないと思ったほどの事故であることから、生死にかかわるケガをしたものと認められる。
2　恒常的長時間労働　　　無
3　業務以外の出来事　　　確認できず
4　個体側要因　　　　　　特になし
　　　　　　　　　　　　　　　　　⇒　「業務上」とする

> **POINT**
>
> 被災者が負ったケガは、特別な出来事のうち、心理的負荷が極度のものである「生死にかかわる極度の苦痛を伴う、又は永久労働不能となる後遺障害を残す業務上の病気やケガをした」に該当するものとされたもの。本人が死を意識するほどだったこと、また、同僚たちの供述等が判断材料になったものです。

case2 ノルマが達成できなかった事案【業務上】

事案の概要

概要：
運送会社ドライバー

- H23.8.9　システムの作動テストについて1日300件の実施を指示されたが、実際に処理できるのは1日200件が限度であった。未達成の場合のペナルティは予告されておらず、事実科せられなかった。
- 以降、長時間労働（8月11日～9月9日の1か月に、129時間の時間外労働）
- H23.9.8　心療内科受診
  自覚症状　不安感、注意力・記憶力の低下、泣くなどの感情失禁、下痢などの身体症状
  疾患名　　適応障害（F4）

発病時期：
平成23年9月上旬（主治医意見）

就業等事項・労働時間の把握等
・所定労働時間　9：00〜18：00
・事業場は入退館管理用IDカードで出退勤管理
・発症後1か月間における時間外労働時間　129時間25分

調査結果（主治医による意見書により決定）

1　**具体的出来事**
「達成困難なノルマが課された」に該当。未達成の場合のペナルティは予告されておらず、事実科せられなかったことから、心理的負荷の強度は「中」。

2　**恒常的長時間労働**　出来事後の恒常的長時間労働が認められることから、総合評価は「強」。

3　**業務以外の出来事**　確認できず

4　**個体側要因**　確認できず

⇒　「業務上」とする

> **POINT**
> 具体的出来事（達成困難なノルマが課せられた）による心理的負荷の強度は「中」であるが、出来事後の恒常的長時間労働（129時間25分）が認められることから、総合評価により「強」と判断されたもの。労働時間は入退館管理用IDカードの記録が採用されました。

case3
仕事内容の大きな変化を生じさせる出来事があった事案
【業務上】

事案の概要

概要：

会計事務所　税理士
- H23.7　　　積み残し業務と新規業務で、業務量が5割増大
- H23.8　　　税務署調査の事前チェックで申告漏れが発覚
- H23.8.13　自主的に修正申告
　　　　　　顧客が100万円余の追加納付、2万円の延滞税
　　　　　　延滞税は事務所が負担した。
- H23.8.15　自殺

受診歴等：

なし

発病時期：

平成23年8月15日（精神部会意見）

就業等事項・労働時間の把握等
- 所定労働時間　9：15〜17：30
- 事業場はタイムカードで出退勤管理
- 時間外労働時間は、発症前1か月88時間25分、2か月72時間27分

調査結果（主治医による意見書により決定）

1 **具体的出来事**

「会社の経営に影響するなどの重大な仕事上のミスをした」に該当するが、相続税3億円のうちの270万円の申告漏れであることから、重大なミスとまではいえず、心理的負荷の強度は「中」。

また、「仕事内容・仕事量の変化を生じさせる出来事があった」に該当するが、時間外労働時間数は大幅に増加したとまではいえず、自殺翌日までが締切りの仕事が2つあり完成のメドが立たない状況にあったものの担当業務以外は特に困難なものとまではいえないことから、心理的負荷の強度は「中」。

それぞれ「中」だが比較的大きく、発病直前に極めて近接して出来事が連続して発生していることを考慮し、複数の出来事の全体評価は「強」。

2 恒常的長時間労働　　無
3 業務以外の出来事　　確認できず
4 個体側要因　　　　　確認できず

⇒　「業務上」とする

> **POINT**
>
> 　心理的負荷の強度「中」に該当する出来事が複数認められることから、全体評価が行われたもの。
> 　いずれの出来事でも単独では「強」の評価とならない場合には、それらの複数の出来事について、関連して生じているのか、あるいは関連なく生じているのかを判断したうえで、1つの出来事のほかにそれとは関連しない他の出来事が生じている場合には、主としてそれらの出来事の数、各出来事の内容、各出来事の時間的な近接の程度をもとに、その全体的な心理的負荷を評価することになります。本件は、発病直前に極めて近接して出来事が連続して発生していることが考慮されて、全体評価が「強」とされました。

case 4

上司から暴行を受けた事案
【業務上】

事案の概要

概要：

システム開発会社　営業職
- H22.8.28　係長の営業活動に同行した際、持参すべき資料を忘れる。帰り道で激しい叱責を受け、ネクタイを掴まれ殴られて、翌日から出勤できなくなった。
- H22.8.29　整形外科受診　打撲傷の治療
- H22.9.5　精神科受診
　　　自覚症状　不安感、抑うつ感、焦燥感、時々涙ぐむ
　　　疾患名　　適応障害（F4）

発病時期：

平成23年8月28日（主治医意見）

就業等事項・労働時間の把握等
- 所定労働時間　9：00～18：00
- 事業場はタイムカードで出退勤管理
- 時間外労働時間は、発症前1か月85時間00分、2か月95時間00分

調査結果（主治医による意見書により決定）

1　**具体的出来事**

「ひどい嫌がらせ、いじめ、暴行を受けた」に該当。上司である係長から殴られ、「役立たず、辞めてしまえ、死ね」等の厳しい叱責を受けた事実が認められる。治療を要する程度の暴行の事実もある。心理的負荷の強度は「強」。

2	恒常的長時間労働	出来事前には95時間
3	業務以外の出来事	確認できず
4	個体側要因	確認できず

⇒　「業務上」とする

> **POINT**
>
> 　出来事は「ひどい嫌がらせ、いじめ、暴行を受けた」に該当し、上司である係長から殴られ、「役立たず、辞めてしまえ、死ね」等の厳しい叱責を受けた事実は人格・人間性を否定する言動であると認められます。治療を要する程度の暴行であったことは、心理的負荷の強度「強」の具体例に当てはまったものです。

case5　セクシュアルハラスメントを受けた事案【業務上】

事案の概要

概要：

食品製造会社　経理事務職

- H21.8頃〜　上司である経理課長からのセクハラを受ける。
- H24.4.5　本社のセクハラ相談窓口に相談。以後、同僚等から誹謗中傷を受ける等、職場環境が悪化
- H22.5.16　メンタルクリニック受診
  自覚症状　抑うつ気分、不安感、集中力低下、睡眠障害、めまい、動悸

疾患名　　うつ病エピソード（F3）

発病時期：
平成23年5月上旬頃（主治医意見）

就業等事項・労働時間の把握等
・所定労働時間　9：00～18：00
・事業場はタイムカードで出退勤管理
・時間外労働時間は、発症前1か月10時間00分、2か月6時間00分

調査結果（主治医による意見書により決定）

1　**具体的出来事**
「セクシュアルハラスメントを受けた」に該当。平成21年8月頃から22年2月までの間に合計5回にわたり、上司である経理課長から、胸や尻を触られる、抱きつかれるといったセクシュアルハラスメントを継続して受けていた。また、相談窓口に相談後、他課の者を含め支店内の大半の者が請求人を無視し、面と向かって誹謗中傷するなど、職場の雰囲気が悪化した。心理的負荷の強度は「強」。

2　**恒常的長時間労働**　　無
3　**業務以外の出来事**　　確認できず
4　**個体側要因**　　　　　確認できず

⇒　「業務上」とする

◁ POINT ▷

　出来事は「セクシュアルハラスメントを受けた」に該当し、行為が継続され、会社への相談後に職場の人間関係が悪化したことは、心理的負荷の強度「強」の具体例に当てはまったもの。
　いじめやセクシュアルハラスメントのように、出来事が繰り返されるものについては、発病の6か月前よりも前にそれが始まり、発病前6か月以内の期間にも継続しているときは、開始時からのすべての行為を評価の対象とすることになっています。

case6
業務中に交通事故に遭った事案
【業務外】

事案の概要

概要：

保険会社　経理事務職
- H23.1.25　事業場近くの信用金庫に社用で出かけた際、駐車場内で駐車しようとしていた自動車と接触。肋骨骨折、頸椎捻挫の負傷を負う。
- H23.3.25まで休業
- H23.3　　　職場復帰（通院継続）
- H23.4.19　自宅で過呼吸発作、再休業。整形外科からメンタルクリニックの紹介を受ける。
- H23.4.25　メンタルクリニック受診
　　　　　　自覚症状　事故が忘れられず、時々手が震える。過呼吸発作
　　　　　　疾患名　　適応障害（F4）

発病時期：

平成23年4月後半頃（主治医意見）

就業等事項・労働時間の把握等
- 所定労働時間　8:30～17:00
- 事業場は出勤簿で出退勤管理
- 時間外労働時間は、発症前1か月0時間00分、2か月0時間00分

調査結果（主治医による意見書により決定）

1　具体的出来事

「重度の病気やケガをした」に該当。平成23年1月の負傷は、入院等

を要せず安静加療によって完治するものであり、現におおむね2か月後に就労開始、6か月後に完全治癒していることから、重度のケガとまではいえない。心理的負荷の強度は「中」。

2　恒常的長時間労働　　　無
3　業務以外の出来事　　　確認できず
4　個体側要因　　　　　　確認できず

⇒　「業務外」とする

> **POINT**
>
> 具体的出来事として、「重度の病気やケガをした」に該当しますが、傷病状況（入院を要せず2か月後に就労開始、6か月後に完全治癒）からみて重度のケガとまではいえないことから、心理的負荷の強度は「中」程度であると評価されたものです。

case 7
配置転換があり仕事内容が変化した事案
【業務外】

事案の概要

概要：
調理器具販売会社　お客様相談係
・H22.12.22　通信販売担当からお客様相談係へ異動。月18～39件の相談対応、商品の返品・交換業務に従事
・H23.4.1　精神科受診
　　　　　　自覚症状　不安感、自責感、発汗、めまい等

疾患名　　不安神経症　全般性不安障害（F4）

発病時期：
平成23年4月1日（主治医意見）
平成23年2月中旬頃（専門部会意見）

就業等事項・労働時間の把握等
・所定労働時間　8：30～17：00
・事業場はタイムカードで出退勤管理
・時間外労働時間は、発症前1か月10時間00分、2か月5時間30分

調査結果（主治医による意見書により決定）

1　具体的出来事

　「配置転換があった」に該当。顧客からのクレーム処理業務には平成12年に半年、平成18年に半年、応援として配置されて従事しており、ある程度経験を積んでいることから、以前に経験した業務と認められる。相談室の業務は増加していたが、社内では特に問題にされていない。平成22年12月の処理件数は18件だが、同じ応援要員の主査は20件、従前からの係員は249件であり、業務量が過大であったとはいえない。心理的負荷の強度は「中」。
　また、「顧客や取引先からクレームを受けた」に該当。クレーム内容は苦情処理業務として想定される範囲内のものと考えられ、特に対応が困難なものではなく、必要な場合は上司の支援もあったものと認められる。苦情処理が本来業務であること、商品の不具合は本人に責任のあるものではないことから、心理的負荷の強度は「弱」が妥当。
　出来事は関連して生じていることから、全体を「配置転換があった」に当てはめ、クレームの内容等を含めて全体を評価するが、全体評価は「強」には至らないものと判断。

2　恒常的長時間労働　　　無
3　業務以外の出来事　　　確認できず
4　個体側要因　　　　　　確認できず

　　　　　　　　　　　　　　　　⇒　「業務外」とする

> **POINT**
>
> 出来事が複数認められることから、全体評価が行われたもの。
> いずれの出来事でも単独では「強」の評価とならない場合には、それらの複数の出来事について、関連して生じているのか、関連なく生じているのかを判断したうえで、1つの出来事のほかにそれとは関連しない他の出来事が生じている場合には、主としてそれらの出来事の数、各出来事の内容、各出来事の時間的な近接の程度をもとに、その全体的な心理的負荷を評価することになります。本件は、心理的負荷の強度が「中」の出来事と「弱」の出来事が認められたものの、全体として「強」には至らないと評価されました。

上司から叱責を受けた事案
【業務外】

事案の概要

概要:

家電量販店　販売員

- H23.4　　　上司が異動。新しい上司から度々頭ごなしに叱責を受け、常に神経がピリピリしていた。
- H23.8.12　　心療内科受診
  - 自覚症状　朝起きるのが辛い、仕事に行きたくない、気分が落ち込む
  - 疾患名　　請求時　うつ病
  - 　　　　　決定時　うつ病エピソード（F3）

発病時期：
平成23年7月下旬（主治医意見）

就業等事項・労働時間の把握等
・所定労働時間　8：30～17：30
・事業場はタイムカードで出退勤管理
・時間外労働時間は、発症前1か月47時間00分、2か月25時間30分

調査結果（主治医による意見書により決定）

1　**具体的出来事**

　「上司とのトラブルがあった」に該当。上司より叱責を受けていた事実は認められるが、内容は請求人の発注ミスや顧客情報を誤って削除してしまったことに対する注意であって、業務上必要なものと認められる。上司の口調が強くなることもあったが、業務のミスを起こした際に行われる叱責であって、同じ事項について叱責が繰り返されることはなく、業務の範囲を逸脱するものではなかった。また、その後の業務に大きな支障をきたすほどのものではなかった。心理的負荷の強度は「中」。

　また、「上司が替わった」に該当。異動はあったが、上司とのトラブルを除いては特に評価すべき事情は認められない。心理的負荷の強度は「弱」。

　出来事は関連して生じているものであるが、全体を評価しても、全体評価は「中」にとどまるものと判断。

2　**恒常的長時間労働**　　無
3　**業務以外の出来事**　　確認できず
4　**個体側要因**　　　　　習慣飲酒が認められるが、精神障害の発病に関与したとは認められない。

　　　　　　　　　　　　⇒　「業務外」とする

> **POINT**

　出来事が複数認められることから、全体評価が行われたもの。
　いずれの出来事でも単独では「強」の評価とならない場合には、それらの複数の出来事について、関連して生じているのか、関連なく生じているのかを判断したうえで、1つの出来事のほかに、それとは関連しない他の出来事が生じている場合には、主としてそれらの出来事の数、各出来事の内容、各出来事の時間的な近接の程度をもとに、その全体的な心理的負荷を評価することになります。本件は、心理的負荷の強度が「中」の出来事と「弱」の出来事が認められたものの、全体として「強」には至らないと評価されました。

case 9
極度の長時間労働があり、悪化した事案
【業務上】

事案の概要

概要：

建築設計事務所　一級建築士

- H21.12.20　設計変更の問題が生じる。内容・納期とも厳しく、納期変更を求めるも応じてもらえず、「期限内に仕上がらなければ解約」と言われた。
- H22.1.16　アシスタントの部下が休業。業務負担増
- H22.2.18　自殺
　　　　　※既往症（うつ病）で精神科にて通院治療中に自殺したもの
　　　　　　H19.12.21　精神科受診
　　　　　　　　　　　隣人とのトラブル、家族の入院

　　　　　　　　　　うつ病エピソード（F3）
　　　　　　　　　　2週間に1回の通院・服薬
　　　　H22.1.12　　終診（H22.2.16受診予定だったが来院せず）

発病時期：
平成23年7月下旬（主治医意見）

就業等事項・労働時間の把握等
・所定労働時間　9：00〜18：00
・被災労働者の労働時間の記録は行われていなかったため、パソコンの記録、取引先・上司・部下宛てのメール送受信記録、会社事務所の警備記録、帰宅用のタクシーの記録から労働時間を推計
・始業時刻：所定始業時刻またはパソコンを立ち上げた時刻のいずれか早いほう
・終業時刻：警備記録上本人が施錠している日については当該時刻、施錠日以外で帰宅用にタクシーを使用しその乗車記録が残っている場合には当該乗車時刻の10分前、それ以外の日については、業務に関するメールの最終の送信時刻または業務に関する文書の最終更新時刻の5分後を採用。警備記録から、帰宅せずに徹夜作業をした日が3日間認められた。
・推計された時間外労働時間は次のとおり
　　　発病前1か月　182.00時間　／　発病前2か月　60.00時間
　　　発病前3か月　 56.00時間　／　発病前4か月　24.00時間
　　　発病前5か月　 17.00時間　／　発病前6か月　25.00時間

調査結果（主治医による意見書により決定）

1　「特別な出来事」（極度の長時間労働）に該当
　自殺前の1か月の時間外労働は182時間、この間に徹夜勤務が2回あった。
　個体側要因（既往症）との関連については、既往症のうつ病エピソードは、平成22年1月上旬には寛解・症状固定とまでは判断できないものの一定の小康状態にはあったところ、遅くとも2月中旬には、以

前には認められなかった希死念慮や改善していた不眠等の症状が強く表れるようになり、自然経過を超えて著しく悪化したものと判断される。

2 業務以外の出来事　　確認できた内容により発病したものとは認められない。
3 個体側要因　　　　　確認できた内容により発病したものとは認められない。

⇒　「業務上」とする

> **POINT**
>
> 　既往症（うつ病）で精神科に通院治療中に自殺した事案。
>
> 　「発病後の悪化」については、悪化する前に業務による心理的負荷があっても、直ちにそれが悪化の原因であるとは判断できませんが、別表1「業務による心理的負荷評価表」の「特別な出来事」に該当する出来事があり、その後おおむね6か月以内に精神障害が自然経過を超えて著しく悪化したと医学的に認められる場合に限り、その「特別な出来事」による心理的負荷が悪化の原因と推認し、悪化した部分については労災補償の対象とされることになっています。本件は、自殺前の1か月の時間外労働が182時間、この間に徹夜勤務が2回認められることから、「特別な出来事」（極度の長時間労働）に該当するものと判断されました。
>
> 　なお、労働時間は、パソコンの記録、取引先・上司・部下宛てのメール送受信記録、会社事務所の警備記録、帰宅用のタクシーの記録から推計されました。

【事例①】出来事による心理的負荷の強度は「中」とされ、恒常的長時間労働が認められたことから、総合評価された事例
【事例②】別表1の心理的負荷「強」の具体例に合致するものと評価された事例

厚労省リーフレットに掲載されている認定事例

労災認定事例

事例①

「新規事業の担当となった」ことにより、「適応障害」を発病したとして認定された事例

Aさんは、大学卒業後、デジタル通信関連会社に設計技師として勤務していたところ、3年目にプロジェクトリーダーに昇格し、新たな分野の商品開発に従事することとなった。しかし、同社にとって初めての技術が多く、設計は難航し、Aさんの帰宅は翌日の午前2時頃に及ぶこともあり、以後、会社から特段の支援もないまま1か月当たりの時間外労働時間数は90～120時間で推移した。

新プロジェクトに従事してから約4か月後、抑うつ気分、食欲低下といった症状が生じ、心療内科を受診したところ「適応障害」と診断された。

＜判断＞
① 新たな分野の商品開発のプロジェクトリーダーとなったことは、別表1の具体的出来事10「新規業務の担当になった、会社の建て直しの担当になった」に該当するが、失敗した場合に大幅な業績悪化につながるものではなかったことから、心理的負荷「中」の具体例である「新規事業等の担当になった」に合致し、さらに、この出来事後に恒常的な長時間労働も認められることから、総合評価は「強」と判断される。
② 発病直前に妻が交通事故で軽傷を負う出来事があったが、その他に業務以外の心理的負荷、個体側要因はいずれも顕著なものはなかった。

①②より、Aさんは労災認定された。

事例②

「ひどい嫌がらせ、いじめ、または暴行を受けた」ことにより、「うつ病」を発病したとして認定された事例

Bさんは、総合衣料販売店に営業職として勤務していたところ、異動して係長に昇格し、主に新規顧客の開拓などに従事することとなった。新部署の上司はBさんに対して連日のように叱責を繰り返し、その際には、「辞めてしまえ」「死ね」といった発言や書類を投げつけるなどの行為を伴うことも度々あった。

係長に昇格してから3か月後、抑うつ気分、睡眠障害などの症状が生じ、精神科を受診したところ「うつ病」と診断された。

＜判断＞
① 上司のBさんに対する言動には、人格や人間性を否定するようなものが含まれており、それが執拗に行われている状況も認められることから、別表1の具体的出来事29「（ひどい）嫌がらせ、いじめ、又は暴行を受けた」の心理的負荷「強」の具体例である「部下に対する上司の言動が、業務範囲を逸脱しており、その中に人格や人間性を否定するような言動が含まれ、かつ、これが執拗に行われた」に合致し、総合評価は「強」と判断される。
② 業務以外の心理的負荷、個体側要因はいずれも顕著なものはなかった。

①②より、Bさんは労災認定された。

（厚生労働省リーフレット「精神障害の労災認定」より）

3 認定基準に関する質疑応答

　ここでは、厚生労働省労働基準局労災補償部補償課職業病認定対策室が作成し、行政窓口において認定業務を行う担当者向けに出されている、「精神障害の労災認定実務要領」「脳・心臓疾患の労災認定実務要領」より、重要な質疑応答を抜粋して掲載します。

「精神障害の労災認定実務」関連

対象疾病に付随する疾病とは

> **問**　「対象疾病に付随する疾病」としては、どのようなものが想定されているのか。
>
> **答**　付随する疾病としては、例えば、向精神薬の副作用による運動障害、消化器系障害（麻痺性イレウス等）、肝機能障害（肝炎等）等を想定している。

業務による心理的負荷について

> **問**　特別な出来事の類型「心理的負荷が極度のもの」として挙げられている「強姦や、本人の意思を抑圧して行われたわいせつ行為などのセクシュアルハラスメントを受けた」について、「本人の意思を抑圧して行わ

れたわいせつ行為」とは、刑法第176条（強制わいせつ罪）違反に準ずる行為を想定しているものと思料するが、出来事の項目36の具体例と明確に判別するため「本人の意思を抑圧して行われたわいせつ行為」の具体例を示していただきたい。
　着衣の上から触られてPTSDを発症したものもこの中に含まれる場合があるか。

答　「本人の意思を抑圧して行われたわいせつ行為」とは、被害者が抵抗したにもかかわらず強制的にわいせつ行為がなされた場合や、被害者が抵抗しなかった（できなかった）場合であっても、行為者が優位的立場を利用するなどして、物理的・精神的な手段によって被害者の意思を抑圧してわいせつ行為が行われた場合を意味する。
　着衣の上から行われたものであってもこれに該当することはあり得る。

問　「（重度の）病気やケガをした（項目1）」に関し、「おおむね2か月以上の入院を要する、又は労災の障害年金に該当する（中略）ケガをした」とあるが、障害が残らないようなケガでも、2か月以上入院して発症した場合には、認定することになるのか。
　ここでいう入院期間には、本人の不定愁訴による入院期間も含まれるか。

答　おおむね2か月以上の入院を要する病気やケガは、障害を残さない場合であっても、一般的に重度のものと考えられることから、心理的負荷

が「強」の具体例として示されている。

　なお、この具体例は、客観的（医学的）におおむね2か月以上の入院を要する傷病が想定されており、本人からの愁訴はあるものの医学的合理性がないものは含まれない。

問　「2週間以上にわたって連続勤務を行った（項目17）」について、14日の連続勤務ではなく12日の連続勤務とされている理由は何か。

答　（週休2日を想定して）ある月～次週の金まで連続して勤務した場合に、「2週間以上にわたって連続勤務を行った」と評価できると考えられるため、「12日」の連続勤務と表現したものである。

問　退職勧奨や対人関係において発生した出来事が、当該労働者の業務遂行能力のなさや素行上の問題、不正行為等に原因がある場合、その出来事の評価はいかにすべきか。
　特に、「（ひどい）嫌がらせ、いじめ、又は暴行を受けた（項目29）」について、自らが原因を作り、結果として上司が暴行をした場合の評価はどのようにすべきか。

答　正当な懲戒処分や査問組織による調査によらない不当な退職強要やいじめ、嫌がらせは、それが当該労働者の行為に端を発したものである場合でも容認されるべきではなく、生じた出来事（退職強要やいじめ等）の態様に着目して心理的負荷の評価を行うこととなる。
　また、労働者に何の落ち度もないのにミスをねつ造する等により意図的に叱責が行われた場合には、それ自体が人格否定に該当し、いじめ等と評価されることになる。
　原因が当該労働者にあっても、上司から治療を要する程度の暴行を受けた場合には、項目29の「強」の具体例に該当し、その心理的負荷は「強」と考えられる。
　ただし、私的怨恨に基づくもの、自招行為によるもの（相互に暴力を含む私闘（けんか）等）は、「強」の具体例に含まれない。

> **問** 「セクシュアルハラスメントを受けた（項目36）」について、職場の上司、同僚が職場外（業務とは直接関係のない場面）で行った性的な言動は、どのような場合に業務による出来事（職場におけるセクシュアルハラスメント）と評価されるか。業務による出来事と認められないケースがあるか。

> **答** 「職場におけるセクシュアルハラスメント」に該当するか否かは、セクシュアルハラスメント指針に基づき判断することになるが、懇親会等職場以外の場所における行為であっても、直ちに業務以外の出来事と判断できず、かえって、上司がその立場等を利用して行っている場合には、業務による出来事と評価すべき場合が多々あるものと考えられる。一方で、休日に業務と関係なく二人のみで出かけた場合等で単純に個人的な関係の下における行為と判断される場合には、業務による出来事とは認められないこととなる。

> **問** 退職勧奨や対人関係について発生した出来事が、当該労働者の業務遂行能力のなさや素行上の問題、不正行為等に原因がある場合、その出来事の評価はいかにすべきか。
> 　特に、「（ひどい）嫌がらせ、いじめ、又は暴行を受けた（項目29）」について、自ら原因を作り、結果として上司が暴行をした場合の評価はどのようにすべきか。

> **答** 正当な懲戒処分や査問組織による調査によらない不当な退職強要やいじめ、嫌がらせは、それが当該労働者の行為に端を発したものである場合でも容認されるべきではなく、生じた出来事（退職強要やいじめ）の態様に着目して心理的負荷の評価を行うこととなる。
> 　また、労働者に何の落ち度もないのにミスをねつ造する等により意図的に叱責が行われた場合には、それ自体が人格否定に該当し、いじめ等と評価されることになる。
> 　原因が当該労働者にあっても、上司から治療を要する程度の暴行を受けた場合には、項目29の「強」の具体例に該当し、その心理的負荷は

「強」と考えられる。

| 問 | 極度の長時間労働について、「発病直前の1か月におおむね160時間を超えるような、又はこれに満たない期間とこれと同程度の（例えば3週間に120時間以上の）時間外労働」と例示されているが、発病直前の1週間に40時間以上、2週間に80時間以上と読み替えても差し支えないか。

| 答 | 「極度の長時間労働」は、その持続期間と労働時間の長さの双方を考慮して示されているので、「直前1週間に40時間以上」「2週間に80時間以上」の時間外労働を行ったことは、それのみでは「極度の長時間労働」に該当しない。

| 問 | 「1か月に80時間以上の時間外労働を行った（項目16)」に関し、発病前おおむね6か月の間に、1か月でも月80時間以上の時間外労働があれば、「中」と評価するのか。
　　　また、月80時間以上の時間外労働を行った月が複数（例えば3か月）あった場合には、「中」の出来事が3つあると評価するのか。

| 答 | 前段については貴見のとおり。
　　　なお、月80時間以上の時間外労働を行った月の数にかかわらず、出来事の数は1つとして取り扱う。

| 問 | 「1か月に80時間以上の時間外労働を行った（項目16)」に関し、他に特段の出来事が存在しない場合で、月1時間程度であっても時間外労働がある場合は、この項目で評価する（ただし、時間外労働は月1時間程度の場合は心理的負荷は「弱」と評価する）ことでよいか。

| 答 | 請求人が長時間労働の事実を主張している場合で、認定事実として長時間労働がわずかであっても存在し、それ以外に特段の出来事が存在しない場合は、この項目で評価すること、一方、請求人が長時間労働の事実を主張しておらず、認定事実として時間外労働が月80時間を超える

月がない場合には、それ以外に特段の出来事が存在しない場合であっても、出来事そのものがないとして評価して差し支えない。（月80時間を超える月がある場合には、この項目で評価すること。）

問　「1か月に80時間以上の時間外労働を行った（項目16）」の「強」の具体例については、2か月のいずれの月も120時間以上でなければならないのか、それとも平均なのか教示願いたい。

答　いずれの月もおおむね120時間以上でなければならない。ただし、あくまで「おおむね」であって、必ずどの月も120時間を超えていなければならないわけではない。（例えば、直前の月が115時間、2月前が130時間といった場合には、これに該当するものと考えている。）

問　恒常的長時間労働が認められる場合の総合評価を行う出来事は、限定されないか。長時間労働と関係が薄いと考えられる出来事（「悲惨な事故や災害の体験、目撃をした」等）であっても、その後に恒常的長時間労働が認められれば総合評価は「強」となり得るか。

答　恒常的長時間労働が認められる場合の総合評価を行う出来事には、限定がない。「出来事前」、「出来事後」の労働時間については、出来事自体と関連がない場合であっても、労働時間と組み合わせて適切に総合評価されたい。

　ただし、「1か月に80時間以上の長時間労働を行った（項目16）」は、労働時間を出来事とみなして評価する項目であり、これと恒常的長時間労働を組み合わせて評価すると、労働時間のみで評価することとなり、項目16の「強」の具体例との齟齬が生じるため、項目16については、恒常的長時間労働と組み合わせて評価しないこと。

問　恒常的長時間労働の評価をする場合、100時間程度の時間外労働が1回でもあれば、「恒常的長時間労働」と評価できるのか。

答　「出来事前」「出来事後」のそれぞれの期間について、時間外労働が

100時間程度となる月（30日）が1回でもあれば、当該期間について、「恒常的長時間労働があった」と評価する。

> [問] 発生時期の異なる出来事が複数ある場合は、どのように恒常的長時間労働の評価を行うのか。

> [答] 発生時期の異なる出来事が複数ある場合は、それぞれの出来事を起点にして恒常的長時間労働の評価を行う。

調査について

> [問] セクシュアルハラスメント事案については、事実関係を客観的に示す資料がなく、当事者の主張に大きな相違があり事実関係の把握及び事実認定が困難な状況にあるが、事実関係の把握の方法、事実認定の手法等について、もう少し詳しく具体的に示すことはできないか。
> 　被害者がセクシュアルハラスメントと受け取り、加害者にはその意図がないような場合には、両者の主張は全く異なることとなり、特にそれが第三者に確認できないような状況に関する主張である場合、調べる方法や客観的な証拠がないのではないか。この場合、双方の主張を聴いた後、事実とは認められないとの判断になるのか。

> [答] 加害者とされる者の意図に関わらず、セクシュアルハラスメントと主張された行為の有無、また、当該行為が客観的セクシュアルハラスメントに評価できるか否かを調査することになる（加害者が悪意なく行為を行っている場合には、当該行為の存在自体を加害者が否定することは考えにくい。）。
> 　一方、被害者の主張を加害者が否定するなど申述が食い違う場合であって、現認者がいないという場合であっても、直ちに事実とは認められないと判断するのではなく、被害者の主張の方がより具体的で合理的である場合、現認者はいないが以前から第三者に相談しておりその内容が

> 一貫している場合、加害者の主張が合理性を欠くと考えられる場合等には、一般的には被害者の主張する事実があったと認定できる場合にあたると考えられる。加害者の主張の方がより具体的で合理的である場合、被害者の主張が事実であれば通常は現認者がいると考えられるのにこれが存在しない場合等には、一般的には被害者の主張する事実はなかったと認定できる場合にあたると考えられる。

問 請求人が転職(又は転勤)した事案について、発病時期(又は悪化の時期)がどの事業場に所属している時期か不明な場合には、どの事業場を所轄する監督署において調査及び業務上外の決定をなすべきか。

また、特定の事業場での心理的負荷のみを主張し、他の事業場の業務には心理的負荷がない旨を主張している場合、どこまでの調査をすべきか。

答 請求人が複数の事業場における業務による心理的負荷があり、これにより発病(又は悪化)したと主張する場合には、発病(又は悪化)の原因となった心理的負荷のある事業場のうち、最終の事業場の所在地を所轄する署を所轄署とする。

実際には、発病(又は悪化)の時期やその原因となった業務による出来事の判断は容易ではないため、原則として、請求人が主たる心理的負荷となった出来事があるとする事業場(通常、請求人が業務による出来事があったと主張する事業場のうち最終の事業場と考えられる。)を所轄する署において調査及び業務上外の判断を行うこと。その際、請求人方の事業場における心理的負荷も主張するのであれば、当該署において併せて調査すること。

調査の結果、業務上となる場合には、発病(又は悪化)の原因となった心理的負荷のある事業場のうち、最終の事業場の所在地を所轄する署において決定を行う回送が必要な場合には、すべての調査を終え、必要に応じ専門部会の意見等も求めたうえで回送を行うこと。

「脳・心臓疾患の労災認定実務」関連

業務の過重性の評価関連（労働時間）

> **問** 業務の過重性の評価は日常業務に比較して判断することとされ、日常業務とは、所定労働時間内の所定業務内容とされているが、長時間の場合の労働時間の評価において、所定労働時間を超えて労働した時間数ではなく、1週間当たり40時間を超えて労働した時間数としているのは何故か。

> **答** 専門検討会において算出した、長期間の過重業務に係る労働時間の評価の目安となる時間外労働時間数は、1日8時間1週40時間という週休2日制をベースとした働き方を1か月間継続した姿をもとにしていることから、評価対象とする時間外労働時間数についても、1週間当たり40時間を超えて労働した時間数としたものである。一方、所定労働時間数を超えて労働した時間数を評価対象とすると、目安となる時間外労働時間数も個々の事案に応じて算出したものとする必要が生じることから、認定実務上、合理的とはいえないものである。

> **問** 1週間当たり40時間を超えて労働した時間数を時間外労働として過重性を評価するとしているが、労働基準法上の割増賃金の対象となる時間とは異なるのか。

> **答** 脳・心臓疾患の労災認定において算出する時間外労働時間と労働基準法上の割増賃金の対象となる時間数とは基本的に一致しない。
> その理由は、労災認定では、①1か月を30日間としていること、②発症日を起点として遡る方向に1週間単位で評価していくこと、③休日を特定しないこと、としているためである。
> このほか、算出方法についても相違がある。
> 例えば、（月）12時間労働　（火）12時間労働　（水）休日

　　　　（木）12時間労働　（金）12時間労働　（土）休日
　　　　（日）休日

の場合、労働基準法上の割増賃金の対象となる時間数は16時間であるが、脳・心臓疾患の労災認定では、1週間当たり40時間を超えて労働した時間数を時間外労働時間数としていることから、当該時間数は8時間となる。

問　裁量労働制や時間外労働に関するみなし労働時間制を採用している場合、労働時間はどのように考えるのか。

答　脳・心臓疾患の労災認定における労働時間の評価は、実労働時間を対象とするものであることから、みなし労働時間制を適用している場合であっても、タイムカード、業務日報、事業場の施錠記録等客観的な資料のほか、被災労働者あるいは関係者からの聴取をもとに被災労働者の労働時間の特定を行い、その労働時間により業務の過重性評価を行うことになる。

　　※変形労働時間制、フレックスタイム制採用の場合の考え方も同様の
　　　問答あり

問　いわゆる「持ち帰り残業」については、どのように取り扱うのか。

答　持ち帰り残業については、必ずしも事業主の指揮命令下に置かれているとはいえないことから、直ちに業務負荷として評価することは適切ではないが、明確な業務命令に基づいて行われ、それを客観的に評価し得る成果物が認められるなど業務として取り扱うことが妥当と認められる場合には、評価の対象とするものである。

問　1勤務が2暦日にわたる勤務の1日の労働時間の計算はどうするのか。

答　1日における労働時間の計算は、原則として、午前0時から午後12

時までの「暦日」によることとするが、勤務形態が隔日勤務、深夜勤務、交替制勤務等で、1勤務が2暦日にわたる勤務は、始業時間が属する日の労働として取り扱うこととする。

保険給付の請求の時効

保険給付の受給権に関する規定について、時効期間、時効の起算日は、以下のとおりです。

給付の種類	時効期間	時効の起算日
療養補償給付のうち療養の費用の支給	2年	療養に要する費用を支払った日または費用の支出が具体的に確定した日ごとにその翌日
休業補償給付	2年	療養のため労働することができないために賃金を受けない日ごとにその翌日
介護補償給付	2年	介護補償給付の対象となる月の翌月の1日
葬祭料	2年	労働者が死亡した日の翌日
障害補償給付	5年	傷病が治った日の翌日
遺族補償給付	5年	労働者が死亡した日の翌日

問題になるのは、療養の費用および休業に係る給付の「時効の起算日」のとらえ方です。

・ 療養の費用の支給を受ける権利は、療養の費用を支出した都度（または当該費用の支出が具体的に確定した都度）発生し、それぞれその翌日から当該費用ごとに支給請求権の時効が進行します。

　したがって、たとえば健康保険で受診してしまって労災保険へ切り替える場合に、健康保険の精算を行う必要がありますが、健康保険組合等からの納入告知書の送付を受けて精算額が示された日が「当該費用の支出が具体的に確定した日」ということになります。

・ 休業補償給付、休業給付を受ける権利は、療養のため労働することができず、賃金を受けない日ごとに発生し、その日ごとに発生する受給権について、それぞれその翌日から時効が進行します。

　したがって、たとえば平成30年8月1日の休業に係る受給権は、2年後の令和2年8月1日に時効になります。

また、各保険給付請求書の提出後も政府の支給決定があるまでは時効が進行してしまうのは不合理ですので、請求書の提出があった時に受給権の時効の問題はなくなります。

したがって、時効といっても、実体的には請求書提出期限の制限だということになります。

第4章

労働基準監督署の調査方法

1 労働基準監督署による認定調査の流れ

　精神障害に係る労災保険給付請求書を受け付けた労働基準監督署（以下、「労基署」という）では、一般的には以下のような流れで認定調査を進めます。

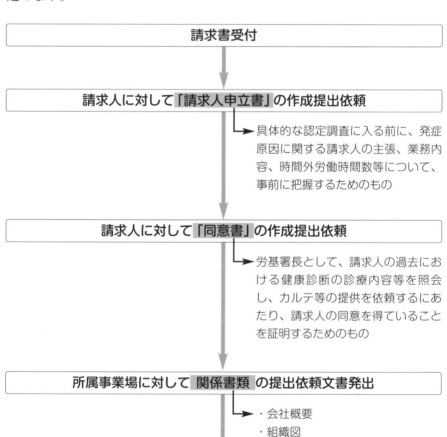

- 請求人の勤怠記録
- 「使用者申立書」(具体的な認定調査に入る前に、発症原因に関する使用者の主張、業務内容、時間外労働時間数等について、事前に把握するためのもの)

↓

主治医に対して医学的意見聴取（文書）

↓

事情聴取等（請求人・会社関係者・その他）の開始

→ 事情聴取等で確認する事項は次のとおり
- 請求人の具体的業務内容
- 「出来事」に関する事実関係、負荷の程度の把握
- 業務以外の「出来事」
- 既往歴等
- 労働時間　　等

↓

調査結果取りまとめ － 専門部会

↓

処分通知

労基署の担当者は、使用者、労働者等に対して報告・出頭等を命じて調査を進めることになりますが、その権限については、労災保険法に次のように規定されています。

第46条　行政庁は、厚生労働省令で定めるところにより、労働者を使用する者、労働保険事務組合（中略）に対して、この法律の施行に関し必要な報告、文書の提出又は出頭を命ずることができる。

第47条　行政庁は、厚生労働省令で定めるところにより、保険関係が成立している事業に使用される労働者若しくは保険給付を受け、若しくは受けようとする者に対して、この法律の施行に関し必要な報告、届出、文書その他の物件の提出若しくは出頭を命じ、又は保険給付の原因である事故を発生させた第三者に対して、報告等を命ずることができる。

第47条の2　行政庁は、保険給付に関して必要があると認めるときは、保険給付を受け、又は受けようとする者に対し、その指定する医師の診断を受けるべきことを命ずることができる。

第47条の3　政府は、保険給付を受ける権利を有する者が、正当な理由がなくて、第12条の7の規定による届出をせず、若しくは書類その他の物件の提出をしないとき、又は前二条の規定による命令に従わないときは、保険給付の支払を一時差し止めることができる。

第48条　行政庁は、この法律の施行に必要な限度において、当該職員に、適用事業の事業場、労働保険事務組合若しくは第35条第1項に規定する団体の事務所、派遣先の事業の事業場又は船員派遣の役務の提供を受ける者の事業場に立ち入り、関係者に質問させ、又は帳簿書類その他の物件を検査させることができる。

第49条　行政庁は、保険給付に関して必要があると認めるときは、厚生労働省令で定めるところによつて、保険給付を受け、又は受けようとする者

の診療を担当した医師その他の者に対して、その行つた診療に関する事項について、報告若しくは診療録、帳簿書類その他の物件の提示を命じ、又は当該職員に、これらの物件を検査させることができる。

◆同意書

同　　意　　書

　私は、労働者災害補償保険法に基づく給付について、　　労働基準監督署長に請求したので、その調査のために貴職が、私に関する診療録・看護記録・諸検査データ・レントゲン写真・ＣＴ画像・ＭＲＩ画像等の書類・資料等を　　労働基準監督署長に対して開示（写しの交付、貸し出し等）することに同意します。

　　　　　＿＿＿＿＿＿＿＿＿＿＿＿＿＿＿殿

　　平成　　年　　月　　日

　　　　　　　　　住　　所
　　　　　　　　　電話番号　　　　（　　　）
　　　　　　　　　氏　　名　　　　　　　　　㊞

> **POINT**
> 被災労働者の過去における病院等の受診歴について、病名、検査データ、治療内容、症状の経過などを確認するためには、かかった病院からさまざまな書類・資料を入手する必要があります。その入手にあたって記名・押印して提出するので、提出は必須です。

◆申立書

(様式3)

───── 申立書の提出についてのお願い ─────

　労災保険の請求が行われますと、労働基準監督署では、保険給付を行うことができるかを判断するために必要な調査を行うこととなります。調査に当たり、請求人の方から詳しくお話をお聴きする（聴取といいます。）ことになりますが、申立書をご提出いただければ、この申立書によって聴取を省略できる場合があり、また、聴取を行う場合でも短時間に行うことができます。
　そのため、請求人の方には申立書の提出をお願いしています。
　ただし、申立書の提出は強制ではありませんので、職員に直接話すことを希望する場合等には提出しないこともできます。
　また、各項目については、精神障害を発病した方に関して記入していただくものです。
　なお、本申立書は、労災保険給付の決定のためだけに使用するものであることを申し添えます。

申　立　書

平成　　年　　月　　日

　　　　　　　　　　　　　　　　　　　　請求人氏名　　　　　　　　　　　　　　印
　　　　　　　　　　　　　　　　　　　　　　　（署名又は記名・押印してください）
　　　　　　　　　　　　　　　　　　　　※　請求人と「申立書」の作成者が異なる場合には、次の「作成者
　　　　　　　　　　　　　　　　　　　　氏名」及び「請求人との関係」を記してください。
　　　　　　　　　　　　　　　　　　　　請求人氏名　　　　　　　　　　　　　　印
　　　　　　　　　　　　　　　　　　　　　　　（署名又は記名・押印してください）
　　　　　　　　　　　　　　　　　　　　　　（請求人との関係　　　　　　　　　）

ご病気について

1　精神的な症状はいつ頃から始まりましたか。
　　　　　　年　　　　月（　　　　歳頃）から

2　その症状を含めて、どのような症状がどの位続いたのかについてできるだけ詳しく教えてください。
　また、病院に行くことになったきっかけについても教えてください。

第4章　労働基準監督署の調査方法

（申立書）

3　現在の精神症状に関する治療の経緯を教えてください（病院を変わっている場合はそのすべてを教えてください）

医療機関名	受　診　期　間	病　　名
（初診）	年　　月～　　年　　月	
	年　　月～　　年　　月	
	年　　月～　　年　　月	
	年　　月～　　年　　月	

仕事について

4　勤務状況等について教えてください。

配属先 （所属の部、課、係）	
従事する具体的な作業の内容	
所定労働時間	始業時刻：　　　　　終業時刻：　　　　　休憩時間：
所定休日	週休1日制　・　隔週週休2日制　・　完全週休2日制　・　その他（　　　　）

発病前おおむね6か月間に時間外労働はありましたか。

・発病前1か月
　① 毎日あった
　② 月の半分以上はあった　　　1か月の時間外労働は　　　⇒　＿＿＿＿時間程度
　③ 全くなかった　　　　　　　　どのくらいありましたか。
　④ わからない

・発病前1か月を含む発病前6か月
　① 毎日あった
　② 月の半分以上はあった　　　1か月の時間外労働は　　　⇒　最も長い月＿＿＿＿時間程度
　③ 全くなかった　　　　　　　　どのくらいありましたか。　　最も短い月＿＿＿＿時間程度
　④ わからない

（申立書）

5　精神障害の発病前おおむね6か月の間に仕事の関係であなたが体験した出来事であって、精神障害の発病の直接の原因と考えている（ストレスとなった）出来事の右の該当欄に○を付け、また、それらの出来事が発生した時期をそれぞれ記入してください。

仕事上の出来事	該当	出来事があった時期	仕事上の出来事	該当	出来事があった時期
業務による病気やケガをした		平成　年　月頃	仕事のペース、活動の変化があった		平成　年　月頃
悲惨な事故や災害の体験、目撃をした		平成　年　月頃	退職を強要された		平成　年　月頃
業務に関連し、重大な人身事故、重大事故を起こした		平成　年　月頃	配置転換があった		平成　年　月頃
重大な仕事上のミスをした		平成　年　月頃	転勤をした		平成　年　月頃
会社で起きた事故、事件について、責任を問われた		平成　年　月頃	複数名で担当していた業務を1人で担当するようになった		平成　年　月頃
自分の関係する仕事で多額の損失等が生じた		平成　年　月頃	非正規社員であるとの理由等により、仕事上の差別、不利益取扱いを受けた		平成　年　月頃
業務に関連し、違法行為を強要された		平成　年　月頃	自分の昇格・昇進があった		平成　年　月頃
達成困難なノルマが課された		平成　年　月頃	部下が減った		平成　年　月頃
ノルマが達成できなかった		平成　年　月頃	早期退職制度の対象となった		平成　年　月頃
新規事業の担当になった、会社の建て直しの担当になった		平成　年　月頃	非正規社員である自分の契約終了が迫った		平成　年　月頃
顧客や取引先から無理な注文を受けた		平成　年　月頃	嫌がらせ、いじめ、又は暴行を受けた		平成　年　月頃
顧客や取引先からクレームを受けた		平成　年　月頃	上司とのトラブルがあった		平成　年　月頃
大きな説明会や公共の場での発表を強いられた		平成　年　月頃	同僚とのトラブルがあった		平成　年　月頃
上司が不在になることにより、その代行を任された		平成　年　月頃	部下とのトラブルがあった		平成　年　月頃
仕事内容・仕事量の変化を生じさせる出来事があった		平成　年　月頃	理解してくれていた人の異動があった		平成　年　月頃
長時間労働を行った		平成　年　月頃	上司が替わった		平成　年　月頃
2週間以上にわたって連続勤務を行った		平成　年　月頃	同僚等の昇進・昇格があり、昇進で先を越された		平成　年　月頃
勤務形態に変化があった		平成　年　月頃	セクシュアルハラスメントを受けた		平成　年　月頃

○印を付した出来事の「具体的な内容」について詳しく記入してください。

[　　　　　　　　　　　　　　　　　　　　　　　　　　　　　　　　　　]

この欄に書ききれない場合には、別紙添付してご記入ください。

第4章　労働基準監督署の調査方法

（申立書）

仕事以外について

6　発病前6か月の間に、仕事の関係以外にあなた自身や身の回りで起きた出来事で、次の表の項目にあてはまる出来事がありましたら、その項目の右の該当欄に○印と出来事があった時期を記入してください。

自分や身の回りで起きた出来事	該当	出来事があった時期	自分や身の回りで起きた出来事	該当	出来事があった時期
離婚又は夫婦が別居した		平成　年　月頃	配偶者や子供が重い病気やケガをした		平成　年　月頃
自分が重い病気やケガをしたまたは流産した		平成　年　月頃	親族の誰かで世間的にまずいことをした人が出た		平成　年　月頃
配偶者や子供、親又は兄弟が死亡した		平成　年　月頃	多額の財産を損失した又は突然大きな支出があった		平成　年　月頃
			天災や火災などにあった又は犯罪に巻き込まれた		平成　年　月頃

その他気になることがありましたら記入してください

[　　]

7　今回、精神障害を発病する前の飲酒による問題や病院での治療歴について教えてください

　（1）お酒が原因で会社を休んだり、病院にかかったり、その他生活に支障が出たことはありますか。

　　　　① ある （内容：　　　　　　　　　　　　　　　　　）　② ない

　（2）現在の精神障害を発病する前に、精神障害やそのほかの大きな病気またはケガで治療を受けたことがありますか。
　　　　※　①又は②のいずれかを丸で囲み、①の場合には、病名等を記入してください。

　　　　① ある　　　② ない

病　名	発病時期	治療期間	医療機関名
	年　月	年　月 ～ 　年　月	
	年　月	年　月 ～ 　年　月	
	年　月	年　月 ～ 　年　月	
	年　月	年　月 ～ 　年　月	

（申立書）

8　学歴及び職歴を教えてください。

・最終学歴　　中学校 ・ 高等学校 ・ 大学 ・ 大学院 ・ その他（　　　　　　　）

　　　　　　　　＿＿＿＿学部　＿＿＿＿学科

　　　　　　　　＿＿＿＿年　　月　卒業 ・ 中退

・職歴

事 業 所 名							職　　種
	年	月	日〜	年	月	日	
	年	月	日〜	年	月	日	
	年	月	日〜	年	月	日	
	年	月	日〜	年	月	日	

9　家族構成を教えてください。
　同居している人を○で囲んでください。

両親

本人・兄弟
夫・妻

子ども

記入例)

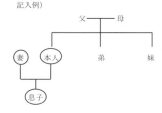

10　次の資料がありますか。　※①又は②のいずれかを丸で囲み、①の場合は、コピーを添付してください。

（1）人間ドックや健康診断の記録

　　　①　ある　　　　②　ない

（2）出勤・帰宅時刻・残業時間など勤務状況を記録（メモ）していたもの（例えば手帳、日記、カレンダー、家計簿、メール）

　　　①　ある　　　　②　ない

第4章　労働基準監督署の調査方法

（申立書）

11 最後に、あなたが今回の精神障害の発病が業務に原因があると考える理由を詳しく教えてください。
また、その他調査に当たり参考となる特記事項がありましたら記入してください。

> **POINT**
> 「請求人申立書」は、具体的な事情聴取などが行われる前に、請求人にかかる情報と主張内容を把握することを目的に、提出が求められるものです。記入すること自体が精神的な苦痛になることもあるので、提出はせず事情聴取によって口頭での申立もできることになっています。

◆使用者申立書

使 用 者 申 立 書

労働基準監督署長　殿

平成　年　月　日

事業場名称

事業場所在地

代 表 者 氏 名　　　　　　㊞

担当者部署
氏　名

元 所属労働者「　○○　○○　」について下記のとおり申立てます。

1．事業の概要等について
　（1）事業の概要（業務内容、主要商品の内容、主な顧客の規模・業種、販売数量等）

　（2）就業先事業場の名称・所在地及び事業の内容

　（3）就業先事業場の被災者所属部署の概要

第４章　労働基準監督署の調査方法

（使用者申立書）

（4）労働者数

　　① 企業全体　　　　　　　　　人（男　　　人・女　　　人）
　　② 被災者所属事業場　　　　　人（男　　　人・女　　　人）
　　③ 就業先被災者所属部署　　　人（男　　　人・女　　　人）
　　④ 上記③のうち貴社所属労働者数
　　　　　　　　　　　　　　　　人（男　　　人・女　　　人）

2．被災者の労働条件について
　（1）所定労働時間
　　　　　　　　　　　時　分～　時　分　　　　　　時間　分

　（2）休憩時間
　　　　　　　　　　　時　分～　時　分　　　　　　時間　分

　（3）所定休日

　　　　週休1日制・隔週週休2日制・完全週休2日制・その他（　　　　　　　　）

　　　①休日は、毎週　　曜日と　　曜日
　　　②祝祭日は、　　休み　・　休みではない
　　　③年末年始の休日は、　月　日から　月　日まで　　　日間
　　　④夏期の休日は、　　月　日から　月　日まで　　　日間
　　　⑤その他の休日は、　ある　・　なし
　　　　ある場合は、いつ、どのような休日があるか記載してください。

　　　　[　　　　　　　　　　　　　　　　　　　　　　　　　　]

　（4）労働時間制度（採用している場合に記入してください。）

　　　　変形労働時間制・フレックス制・裁量労働制・その他（　　　　　　　　）

（使用者申立書）

(5) 勤務形態

　　　日勤勤務・交替制（2直2交替制（日勤・夜勤）・3直3交替制）

(6) 出退勤の管理状況

　　　①タイムカード　　　　　　　有　・　無
　　　②出勤簿　　　　　　　　　　有　・　無
　　　③管理者による確認　　　　　有　・　無
　　　④本人の申告（勤怠表）　　　有　・　無
　　　⑤業務日報　　　　　　　　　有　・　無
　　　⑥施錠管理記録　　　　　　　有　・　無
　　　⑦警備記録　　　　　　　　　有　・　無
　　　⑧被災者専用のパソコン　　　有　・　無
　　　⑨その他　　　　　　　　　　有　・　無

　　　　　「⑨その他」が「ある」の場合は、その資料の名称等
　　　　［　　　　　　　　　　　　　　　　　　　　　　　　］

(7) 就業規則の有無

　　　就業規則は、　　　　　　　有　・　無

(8) 賃金計算方法

　　　月給・日給月給・日給・時間給・出来高・
　　　　　　　その他（　　　　　　　　　　）
　　　　　　　締め日：毎月　　　　日
　　　　　　　支給日：毎月　　　　日

(9) 賞与等

　　　　　　　　支給の有無：　有　　無
　　　　　　　　支給時期：　　月　　日、　　月　　日、　　月　　日

第4章　労働基準監督署の調査方法

（使用者申立書）

3．被災者について（記載できない場合には、別紙を作成してください）
(1) 経歴について

	会社名・所属部課名	職種・作業内容	期　間
入社前			S・H　年　月　日から S・H　年　月　日まで
			S・H　年　月　日から S・H　年　月　日まで
			S・H　年　月　日から S・H　年　月　日まで

	所属部課名	職種・作業内容	期　間
入社後			S・H　年　月　日から S・H　年　月　日まで
			S・H　年　月　日から S・H　年　月　日まで
			S・H　年　月　日から S・H　年　月　日まで
			S・H　年　月　日から S・H　年　月　日まで
			S・H　年　月　日から S・H　年　月　日まで

(2) 被災者の日常業務（業務内容、困難度、密度、職場における立場等）

(使用者申立書)

(3) 被災者の1年間の業務概要および繁忙の波
　　（どの季節・月が忙しく、あるいは暇か、その理由）

(4) 1ヶ月間の業務の概要および繁忙の波
　　（月のうち、どの週・日が忙しく、あるいは暇か、その理由）

(5) 1日の業務の概要および繁忙の波
　　（日のうちどの時間が忙しく、あるいは暇か、その理由）

(6) 業務に区切りがあれば、1区切りの流れ、手順、時間、状況等について

(7) 業務の難易度、責任の軽重について
　　（同種労働者において、難易度は高いものであるか、責任は重いものであるか？）

(8) 時間外労働の状況について
　　（休日出勤・早出・残業は、どのような時にどの程度あるか。各個に理由と平均時間数。）

第4章　労働基準監督署の調査方法

（使用者申立書）

4．被災者の症状経過等について
　（1）入社前の健康状態・身体状況で把握していること

　（2）定期健康診断の結果で把握していること

　（3）発症前に、会社に申し出ていた、あるいは同僚等に話していた健康状態について
　　　　（自覚症状・医師への受診・薬の服用等）

　（4）発症前に本件傷病に関係すると思われる負傷の有無と状況
　　　　（頭部外傷等）

　（5）同僚等からみた身体状況の変化の有無と状況

（使用者申立書）

　（6）身長と体重等（発病直近の健康診断結果）
　　　①身長　　　　　　cm　　②体重　　　　　　kg
　　　②体形　　肥満型・普通・痩せ型
　　　③体質・アレルギー等

5．作業環境について
　（1）熱暑・寒冷に関すること
　　　　（作業場での温度環境、空調の有無等）

　（2）作業環境測定の有無

　（3）作業対象物および作業環境に対する緊張感について
　　　　（取扱いに注意を要する物等があるか否か）

6．通勤について
　（1）通勤経路と方法

　（2）通勤時間（片道）
　　　　　約　　　　時間　　　分

第4章　労働基準監督署の調査方法

（使用者申立書）

7．被災者の嗜好・趣味・家庭環境・友人関係好等について
　　（把握している範囲でご回答ください。）

　（1）飲酒
　　　　　　　　　ほとんど飲まない・時々飲む・毎日飲む。

　　　　①一回の飲酒量
　　　　　　　　種類　　　　　を　　　　合・ℓ程度

　　　　②飲酒の頻度　　　週・月　　　回程度

　　　　③飲酒によるトラブルの有無
　　　　　　　有の場合は、その具体的な出来事。
　　　　　　［　　　　　　　　　　　　　　　　　　　］

　（2）喫煙
　　　　　有・無　　銘柄　　　　　　1日　　本

　（3）趣味

　（4）家庭環境（家族構成と家族の健康状態等）

　（5）友人関係（同僚等との交友K何系）

　（6）兼業の有無
　　　　　有・無
　　　　　有の場合の勤務先・勤務時間

（使用者申立書）

8．被災者の勤務評価
　　①人事考課の有無　　　有・無
　　②所属部署での勤務評価

[　　　　　　　　　　　　　　　　　　　　　　　　　　　]

9．業務以外で心理的負荷となったと思われる出来事の有無
　　　出来事の有無　　　　有・無
　　　有の場合は、時期、場所、内容

[　　　　　　　　　　　　　　　　　　　　　　　　　　　]

10．業務で心理的負荷となったと思われる出来事について
　　（1）出来事の有無　　　有・無
　　　　　有の場合の時期、場所、内容

[　　　　　　　　　　　　　　　　　　　　　　　　　　　]

　　（2）出来事後における労働時間の変化について
　　　　　（出来事前と出来事後を対比して、違いについて記載してください）

第4章　労働基準監督署の調査方法

（使用者申立書）

（3）出来事後における業務量の変化について
　　　（出来事前と出来事後を対比して、違いについて記載してください）

（4）出来事後における業務の質の変化について
　　　（出来事前と出来事後を対比して、違いについて記載してください）

（5）出来事後における責任の変化について
　　　（出来事前と出来事後を対比して、違いについて記載してください）

（6）業務における裁量性の有無について
　　　（出来事前と出来事後を対比して、違いについて記載してください）

（7）職場の物的、人的環境の変化について
　　　（出来事前と出来事後を対比して、違いについて記載してください）

（使用者申立書）

(8) 出来事後における支援・協力体制について
　　（出来事前と出来事後を対比して、違いについて記載してください）

11. 被災者の退職年月日及び退職の理由について
　(1) 退職年月日
　　　　　平成　　年　　月　　日

　(2) 退職の理由

（使用者申立書）

12. 使用者として本件発症に関する意見

（使用者申立書）

被災者の状況等（平成　　年　　月以降）

過重な業務・労働災害・失敗・出張・会議・作業内容の変更・作業環境の変更・病休等の出来事について

日付・期間	業務内容・行動記録	業務以外の状況

(使用者申立書)

労 働 時 間
(平成　年　月～平成　年　月)

年　月	総拘束時間	休憩時間	実労働時間
平成　年　　月	：	：	：
平成　年　　月	：	：	：
平成　年　　月	：	：	：
平成　年　　月	：	：	：
平成　年　　月	：	：	：
平成　年　　月	：	：	：
平成　年　　月	：	：	：

＊　年月は賃金締切日で区切る（賃金締め日：　　　日）
＊　実労働時間は、休憩時間を除いて事業場として認定される労働時間を記入する

> **POINT**
> 「使用者申立書」は、被災労働者の就労状況等について、具体的な事情聴取の前に会社に対し提出を求めるものです。同時に、会社の組織図や、被災労働者の賃金台帳、勤怠記録、健康診断結果等の資料の提出が求められるのが一般的です。

（使用者申立書）

資　料　一　覧
1. 会社案内　　　　　　　※1〜3については、可能な限り就業先事業場分について
2. 会社組織図　　　　　　　も提出をお願いいたします。
3. 所属事業場組織図
4. 就業先所属部署組織図（被災者の上司、部下、同僚等がわかるもの、実名でお願いします）
5. 就業先所属部署の座席表
6. 就業先所属部署の業務分担表（各個人の業務内容がわかるもの）
7. 被災者の業務内容を把握できる資料（作業マニュアル、作業計画表、作業工程表、進行管理表、業務日報、業務指示書等）
8. 被災者の業務量を把握できる資料
9. 就業規則、賃金規定、時間外および休日労働に関する協定書、その他労使協定
10. 採用時の履歴書
11. 雇用契約書
12. 労働者名簿（入社日以降の経歴がわかるもの）
13. 人事記録（人事考課・勤務評定）
14. 勤務時間の記録（出勤簿、タイムカード、時間外勤務命令簿、パソコンのログイン、ログアウト記録、入退室記録等）※平成26年1月〜平成27年7月までの期間
15. 賃金台帳※平成26年1月〜平成27年7月までの期間
16. 入社日以降に実施されている定期健康診断結果、人間ドック結果
17. 入社日以降、産業医の健康指導がある場合は、その指導記録の写等
18. 出張先及び出張内容に関する資料（出張命令書、行動予定表等）平成27年1月以降
19. その他本件発症に関して参考となるものがあればその資料

※　使用者申立書については、特別な期間の指定のあるものを除き、被災者の平成　　年　　月以降の状況について確認するものですので、当該機関についてご記入をお願いいたします。また、上記資料に関しましても特別な期間の指定があるものを除き、同期間のものをお願いいたします。
　　なお、調査状況により、資料の追加をお願いする場合もございます。
※　提出資料は写で、なるべくA4サイズでご提出ください。

第4章　労働基準監督署の調査方法

2 被災労働者の労働時間に関する調査

① 労働基準監督署による労働時間の集計

　認定基準において、長時間労働については「心身の疲弊・消耗をきたし、うつ病等の原因となる」という考え方が明確に示されていますので、労働時間数の正確な把握が非常に大きな要素になります。

　事業主として管理している個々の労働者の労働時間について実態と相違がなければ、事業主から提出された労働時間数を労基署における調査結果として採用できることになりますが、多くの事案においてそれを採用できないという場合が見られます。

　被災労働者、会社関係者等の聴取内容から判断して、事業主として管理している個々の労働者の労働時間が実態と異なることが認められる場合、労基署の調査結果として労働時間を確定することになります。具体的には、次のようなことを行ったうえで、被災労働者の労働時間数を推計し、労基署としての調査結果とします。

① 事業主としての労働時間管理方法および当該記録内容の精査
② 被災労働者、会社関係者の聴取における労働時間の実態の申立内容の整理
③ 業務報告書等の記録、パソコン等の稼働時間の記録、事務室等の施錠管理簿等の記録等の有無および当該記録内容の精査
④ 被災労働者以外の複数同僚労働者等の労働時間との比較を行うための、同僚労働者の聴取
⑤ その他

② 労働時間数調査結果の取りまとめ

　労働基準監督署による上記調査の結果として推計された労働時間をもとに、「労働時間集計表」が作成されることになります。
　労働時間集計表は、請求人の発症日前1か月ごとに作成されることになりますが、以下の要領で作成されていることに注意が必要です。

① 1か月は30日間として把握されること。
② 1か月30日間の中で、1週間（7日間）ごとに実労働時間を集計して1週間単位の総労働時間数とされること。
③ ②の1週間単位の総労働時間数から40時間を引いて、当該1週間の時間外労働時間とされること。
④ 請求人に適用されていた労働時間制度（変形労働時間制等）にかかわらず、時間外労働時間は1週間に40時間を超えた時間数とされること。
⑤ 29日目と30日目の時間外労働時間数の算出は、その2日を含む1週間の状況によって判断されること。
⑥ 以上により算出した4週間と2日間の総労働時間数と時間外労働時間数を合計し、「発症前〇か月間の時間数」とされること。
⑦ 発症日から1か月ずつ遡って作成・集計することになるが、発症日が「〇月上旬」とされた場合には、〇月上旬（1日〜10日）のすべての日が発症日と仮定されること。

◆労働時間集計表(106ページ・case2の事例)

労働時間集計表(9月9日 〜 8月11日)

(出来事後1か月)

	労働時間 (始業〜終業)	1日の 拘束時間数	1日の 労働時間数	総労働 時間数	時間外 労働時間数
9 / 9 (木)	9:04 〜 22:30	13:26	12:26	①	⑥=①−40
9 / 8 (水)	8:55 〜 23:45	14:50	13:50		
9 / 7 (火)	8:56 〜 21:13	12:17	11:17		
9 / 6 (月)	8:43 〜 22:01	13:18	12:18	74:46	34:46
9 / 5 (日)	8:54 〜 22:19	13:25	12:25		
9 / 4 (土)	〜				
9 / 3 (金)	8:53 〜 22:23	13:30	12:30		
9 / 2 (木)	8:49 〜 23:10	14:21	13:21	②	⑦=②−40
9 / 1 (水)	8:43 〜 22:35	13:52	12:52		
8 / 31 (火)	8:59 〜 22:45	13:46	12:46		
8 / 30 (月)	9:01 〜 24:09	15:08	14:08	76:44	36:44
8 / 29 (日)	〜				
8 / 28 (土)	11:00 〜 22:09	11:09	10:09		
8 / 27 (金)	9:02 〜 23:30	14:28	13:28		
8 / 26 (木)	8:54 〜 21:34	12:40	11:40	③	⑧=③−40
8 / 25 (水)	10:58 〜 22:09	11:11	10:11		
8 / 24 (火)	8:43 〜 22:48	14:05	13:05		
8 / 23 (月)	8:23 〜 22:40	14:17	13:17	70:00	30:00
8 / 22 (日)	〜				
8 / 21 (土)	11:03 〜 21:30	10:27	9:27		
8 / 20 (金)	8:43 〜 22:03	13:20	12:20		
8 / 19 (木)	8:54 〜 21:20	12:26	11:26	④	⑨=④−40
8 / 18 (水)	8:57 〜 22:24	13:27	12:27		
8 / 17 (火)	8:34 〜 22:31	13:57	12:57		
8 / 16 (月)	8:54 〜 21:31	12:37	11:37	60:15	20:15
8 / 15 (日)	〜				
8 / 14 (土)	〜				
8 / 13 (金)	9:00 〜 21:48	12:48	11:48		
8 / 12 (木)	9:00 〜 21:55	12:55	11:55	⑤	⑩=(⑤−16)
8 / 11 (水)	9:00 〜 21:45	12:45	11:45	23:40	7:40
合 計		330:25		①〜⑤ 305:25	⑥〜⑩ 129:25

□「ノルマが課せられた」の出来事が起こったのは、平成23年8月9日とされています。
□出来事以降長時間労働が認められ、出来事後の発病前1か月間（8月11日～9月9日）に129時間の時間外労働が行われたものです。
□労働時間の推計にあたり、各日の始業・終業時間は、IDカードによる入退館記録から算出しています。
□拘束時間数から休憩時間数を引いて1日の労働時間数とします。この事例では、各日1時間（60分）の休憩時間が確保されていたものです。
□1か月を30日間とし、1週間（7日間）ずつ区切り、その1週間単位の総労働時間数から40時間を引いて、当該1週間の時間外労働時間数としています。
□8月11日、12日の2日間については、8月6日から8月12日までの1週間（7日間）の状況から16時間を引いた時間数を時間外労働時間数としています。

⬇

上記の手順により集計された結果、被災労働者は、8月11日から9月9日の1か月間（30日間）に合計129時間の時間外労働を行ったものとされました。

第5章

企業が求められる具体的対応

1 リスク管理の重要性

　認定基準には、業務による心理的負荷の強度について、「具体的出来事」ごとに具体例が示されています。これは精神障害の労災請求事案に係る業務上外の判断を明確にして、労基署における審査の迅速化や効率化を図るためのものですが、一方で、会社で働く1人ひとりの労働者から見ても、対象疾病を発病してしまった場合に主張できる「具体的出来事」と「具体例」が明確になっているともいえます。

　精神障害の対象疾病発病の原因として、仕事上のさまざまな出来事による心理的負荷、長時間労働による心身の疲弊、職場における人間関係によるストレス等があることは、誰もが認識していることかと思います。企業は、労働者の健康管理や安全配慮を行うにあたり、そのようなリスク管理が非常に重要であるということを認識すべきです。

　労災保険制度は、事業主が負っている労働者に対する「災害補償責任」を担保している制度ですので、被災労働者のけがや疾病が労災として認められて所定の保険給付が行われれば、事業主が補償すべき補償は免除されたという形にはなります。しかしながら、事業主の義務である「労働者の健康管理と安全配慮義務」が尽くされていないとして、事業主に対して損害賠償請求を行うというのは、珍しいことではなくなりました。実際に数多くの裁判において、精神障害事案の被災労働者側の主張が認められています。

労働災害についての企業の責任

　労働災害が発生して労働者が死傷すると、企業には次のような法的責任が発生します。

民事上の責任：被災労働者（遺族を含む）から、民事上の不法行為責任に基づく損害賠償請求を受けます。使用者に安全配慮義務違反あるいは過失等があれば、民事上の損害賠償請求を受けます。

刑事上の責任：労働安全衛生法違反あるいは業務上過失致死傷罪の責任を問われます。

行政上の責任：行政機関から作業停止・使用停止処分等を受けます。

社会的責任　：災害内容等の報道により社会的信用が低下したり失われたりする事態を招きます。

2 企業がとるべき対策

　企業は、抱えている労務問題にどう向き合い、労働者の健康管理・安全に配慮していくべきなのでしょうか。
　「過重労働」の評価の目安として労働時間が具体的に示され、長時間労働による心身の疲弊は、脳・心臓疾患のみならず、精神障害の発症との強い関連も明確にされています。労働者が抱えるストレスは、そのまま企業のリスクに結びついています。こうしたリスクは企業の社会的信用や収益性、人材確保にも大きく影響を及ぼし、リスク改善の取組みは収益の向上、人材確保、事業成長に直結しますので、企業は当事者として労働環境の改善に取り組む必要があります。
　労務問題の解決は、企業にとって重要性・緊急性の高い最優先課題だといえます。では、具体的にどのような労務管理を行えばよいかというと、①指針等のチェックと社内体制の見直し、②社内研修の実施、③認定基準の周知、時間外労働時間数の把握等——の３点が挙げられます。

① 指針等のチェックと社内体制の見直し

　まず、厚生労働省から出されている労働者の健康管理に関する指針や手引き等について改めてチェックし、社内体制の見直しを行いましょう。
　職場におけるメンタルヘルス対策等に関する通達は、次のとおりです。

職場におけるメンタルヘルス対策

【関連指針】
- 労働者の心の健康の保持増進のための指針（平成18年3月31日健康保持増進のための指針公示第3号）

【関連通達】
- 労働者の心の健康の保持増進のための指針について（平成18年3月31日基発第0331001号）
- 当面のメンタルヘルス対策の具体的推進について（平成21年3月26日基発第0326002号）
- 改訂版「心の健康問題により休業した労働者の職場復帰支援の手引き」の送付について（平成21年3月23日基安労発第0323001号）

【報告書等】
- 「職場におけるメンタルヘルス対策検討会」報告書（平成22年9月）
- 「ストレスに関連する症状・不調として確認することが適当な項目等に関する調査研究」報告書（平成22年10月）

【パンフレット等】
- 職場における心の健康づくり
- 心の健康問題により休業した労働者の職場復帰支援の手引き
- 職場における自殺の予防と対応
- こころの健康　気づきのヒント集
- 派遣労働者の心の健康づくり　～労働者の心の健康の保持増進のための指針～

・派遣労働者のためのこころの健康気づきのヒント集

過重労働による健康障害防止対策

【関連通達】

・「過重労働による健康障害を防止するための総合対策について」の一部改正について（平成23年2月16日　基発0216第3号）

【資料・パンフレット等】

・疲労蓄積度チェックリスト
・長時間労働者に対する面接指導実施に当たってのマニュアル
・労働者の健康を守るために　～過重労働による健康障害防止対策～
・過重労働による健康障害を防ぐために

心身両面にわたる健康づくり

【関連指針】

・事業場における労働者の健康保持増進のための指針（一部改訂、平成19年11月30日健康保持増進のための指針公示第4号）

【関連通達】

・「事業場における労働者の健康保持増進のための指針の一部を改正する指針」の周知等について（平成19年11月30日基発第1130001号）
・THPと高齢者の医療の確保に関する法律に基づく特定保健指導との関係について（平成20年3月31日基安労発第0331004号）

　これらについてチェックしたうえで、社内における現状を把握し、就業規則の見直しが必要なのか、休職・復職にあたってのルールは明確になっているのか、また、セクハラ・パワハラ防止規定が存在するのか等について確認しましょう。

② 社内研修の実施

　管理職、社員全体への研修等を行い、会社としてのメンタルヘルス対策について共通認識を持ちましょう。

③ 認定基準の周知、時間外労働時間数の把握等

　労災保険における精神障害の認定基準を周知させ、職場におけるあらゆる出来事が精神障害発症に結びつくということを理解させることが必要です。
　特に「長時間労働」については、具体的な時間外労働時間数が示されていますので、現状を踏まえ、社内において労働時間管理が適切に行われているかを確認しましょう。

3 改正労働安全衛生法の施行

① 改正内容

　平成31年4月に改正労働安全衛生法（以下「改正安衛法」という）が施行され、「産業医・産業保健機能」と「長時間労働者に対する面接指導等」が強化されることになりました。
　改正内容は、次のとおりです。

【産業医・産業保健機能の強化】
① 　産業医の活動環境の整備
　ア　産業医の独立性・中立性の強化
　　・産業医の独立性・中立性の強化
　　・産業医の知識・能力の維持向上
　　・産業医の辞任・解任時の衛生委員会等への報告
　イ　産業医への権限・情報提供の充実・強化
　　・産業医の権限の具体化
　　・産業医に対する労働者の健康管理等の必要な情報の提供
　　・産業医が勧告しようとするときの事業者に対する意見の求め、産業医から勧告を受けたときの勧告の内容等の記録・保存
　ウ　産業医の活動と衛生委員会等との関係の強化
　　・産業医の勧告を受けたときの衛生委員会等への報告
　　・産業医による衛生委員会等に対する調査審議の求め

・安全委員会、衛生委員会等の意見等の記録・保存
② 　健康相談の体制整備、健康情報の適正な取扱い
　・労働者からの健康相談に適切に対応するために必要な体制の整備等
　・労働者の心身の状態に関する情報の取扱い
　・産業医等の業務の内容等の周知

【長時間労働者に対する面接指導等の強化】
・労働時間の状況の把握
・労働者への労働時間に関する情報の周知
・医師による面接指導の対象となる労働者の要件
・研究開発業務従事者に対する医師による面接指導

長時間労働者に対する面接指導等の強化

　改正事項のうち、特に注意したいのは「長時間労働者に対する面接指導等の強化」です。長時間労働やメンタルヘルス不調等により健康リスクが高い状況にある労働者を見逃さないよう、医師による面接指導が確実に実施されるようにして、労働者の健康管理体制を強化するものです。

(1) 労働時間の状況の把握

　事業者は、改正安衛法66条の8第1項または66条の8の2第1項の規定による面接指導を実施するため、タイムカードによる記録、パーソナルコンピューター等の電子計算機の使用時間（ログオンからログアウトまでの時間）の記録等の客観的な方法その他の適切な方法により、労働者の労働時間の状況を把握しなければなりません。そして、これらの方法により把握した労働時間の状況の記録を作成し、3年間保存するための必要な措置を講じる必要があります。

　労働時間の状況の把握は、労働者の健康確保措置を適切に実施するために行うものであり、その対象となる労働者は、高度プロフェッショナル制度の適用者を除き、「研究開発業務従事者」「事業場外労働のみなし労働時間制の適用者」「裁量労働制の適用者」「管理監督者等」「派遣労働者」「短時間労働者」「有期契約労働者」を含めたすべての労働者です。

(2) 労働者への労働時間に関する情報の周知

　事業者は、時間外・休日労働時間の算定を行ったときは、当該超えた時間が1か月当たり80時間を超えた労働者に対して、速やかに当該超えた時間に関する情報を通知しなければなりません。

　当該通知については、高度プロフェッショナル制度の適用者を除き、「研究開発業務従事者」「事業場外労働のみなし労働時間制の適用者」「裁量労働制の適用者」「管理監督者等」「派遣労働者」「短時間労働者」「有期契約労働者」を含めたすべての労働者に適用されます。

(3) 医師による面接指導の対象となる労働者の要件

　面接指導の対象となる労働者の要件が、時間外・休日労働時間が1か

月当たり80時間を超え、かつ疲労の蓄積が認められる者に拡大されました。

(4) 研究開発業務従事者に対する医師による面接指導

事業者は、時間外・休日労働時間が1か月当たり100時間を超える研究開発業務従事者に対して、申出なしに医師による面接指導を行わなければなりません。

③ 改正に係る留意事項

今回の改正では、産業医の運用面のほか、事業主が労働者に医師の面談を受けさせる義務、時間管理の運用について変更されました。企業としては、今後、労働安全衛生法上の義務についていっそう注意することが求められます。

従来より、事業場の規模に応じて安全衛生管理体制を確立しての安全衛生管理や健康管理を行うことが定められていますが、実態を見ると、こうした体制が整備されていない企業、整備されていても機能していない企業も多く存在しています。しかし、法改正により、定められた安全衛生管理体制が遵守されているかが今後、より重視されていくことは間違いないでしょう。

また、管理監督者等も含めたすべての労働者の労働時間把握管理が厳格化されたため、残業時間が発生した要因や実態、健康管理の把握が重要度を増しています。

4 労災請求が行われた際の企業対応の留意点

　精神障害を発病してしまった労働者等が労災請求を行うこととなった場合に、企業が非協力的な対応をするということも多く見られますが、これは誤った対応だと言わざるを得ません。

　当然ながら、労災認定に向けての調査を行うのは労基署であり、決定処分を行うのは労基署長です。企業は、労基署におけるさまざまな調査への迅速な対応、資料提出要請に対する的確な対応を心がけることが必要であり、労基署に対して誠実に協力しているという姿勢を示すことは大切なことです。

　企業の非協力的な対応は、労災請求人に「企業は労基署の調査でうそを述べているのではないか、資料を改ざんしているのではないか」という疑念を抱かせることになり、企業にとってメリットはないと認識したほうがよいと考えます。

　以下、精神障害に係る労災請求が行われた際によく寄せられる質問についてまとめます。

Q1「時間外労働時間が120時間以上であり、精神障害の診断を受けたので労災請求をしたい」と言う社員について、「会社が管理している時間外労働時間数は70時間なので、労災には該当しない」と説明して労災請求を断念させたいのですが、このような対応は適切でしょうか。

A　労災請求を行うのは労災保険による給付を受けようとする方（本人または遺族）です。

時間外労働時間が120時間以上あるという主張の根拠はわかりませんが、本人が労災請求をすると言っている以上、請求行為を会社がやめさせるというのは適切ではありません。このような対応により、労災請求前の段階で、請求人と会社との間で感情的な対立が生じてしまうことも懸念されます。

　労災請求の後に、会社として労基署の調査に適切に対応すればよいことだと思います。

Q2 請求書の事業主証明欄に押印することによって、請求人が記載した「災害発生状況」の事実関係を認めたことになってしまうのでしょうか。
　会社として証明しないという選択をしてもよいですか。

A 請求事案が労災としての給付対象となるのかは、労基署による調査を経て労基署長が決定しますので、事業主証明がなされているかどうかは関係ありません。

　請求人が記載した「災害発生状況」について、事実として把握していない等の理由によって事業主証明をしないという選択をしても結構です。その場合、労基署としては事業主が証明を拒否する理由を記載した書面の提出を求めるものと思います。

Q3 精神障害に係る労災請求が行われましたが、会社は何をすればよいのですか。

A 請求書を受け付けた労基署においては、請求人の主張する災害発生状況を把握し、通達（認定基準）に沿って多岐にわたる調査を行うことになります。

調査は、請求人の主張を聞き、それを裏づける資料・供述等の確認、事業主が把握している事実関係、それを裏づける資料等の確認などの事実確認から始まります。

労基署からの関係資料提出要請、上司・同僚等の事情聴取への対応要請について適切に対応し、事実に基づく供述を行う必要があります。

MEMO 労災かくし

　『労災かくし』という言葉だけを見ると、「労災事故なのに労災保険の請求を行わなかったのだな」と思いがちですが、違うのです。仕事上のケガなのに労災保険を使わなかったことが犯罪になるのではありません。

　労働安全衛生法 100 条には、「労働基準監督署長は、この法律を施行するため必要があると認めるときは、事業者に必要な事項を報告させることができる」（要旨）と規定されており、この条文に基づいて「労働者死傷病報告」（労働安全衛生規則 97 条）の提出義務が課せられています。

　労働者死傷病報告は、事故の発生状況、原因、ケガの程度のほか、労働者の年齢・経験年数等を記入させることによって、事故原因等を分析し、再発防止を図る趣旨で提出させるものです。4 日以上の休業の場合にはできるだけ早く、それ以下の場合は 3 か月分をまとめて報告します。違反した場合の罰則は、50 万円以下の罰金です。

　この労働者死傷病報告を提出しないこと、あるいは虚偽の報告をすることが、「労災かくし」です。

　では、なぜ「労災かくし」が行われるのでしょうか。「労災かくし」が行われる背景には、以下のようなことが見受けられます。

- 　会社が、「費用は会社が面倒見るから」と言って、健康保険を使わせる（治療、休業が進むにつれ、発覚してしまうものです）
- 　会社が、労災を使うと労災保険料率が上がってしまうと思い、健康保険を使わせる（収支率をもとに労災保険料率を増減させるメリット制については、一定規模以上の事業場が該当しますが、少しでも給付を受けると直ちに料率に反映されるという勘違いも多くあります）
- 　建設業などで下請の労働者がケガをしたが、元請との関係に気兼ねして、他の工事でケガをしたことにする

　厚生労働省では、「労災かくし」による送検事例をホームページで公表するなど、「労災かくし」排除へ向けた対策を強化しています。

資料

◆心理的負荷による精神障害の認定基準について

基発1226第1号
平成23年12月26日

都道府県労働局長殿

厚生労働省労働基準局長
（公 印 省 略）

心理的負荷による精神障害の認定基準について

　心理的負荷による精神障害の労災請求事案については、平成11年9月14日付け基発第544号「心理的負荷による精神障害等に係る業務上外の判断指針について」（以下「判断指針」という。）に基づき業務上外の判断を行ってきたところであるが、今般、「精神障害の労災認定の基準に関する専門検討会報告書（平成23年11月）」の内容を踏まえ、別添の認定基準を新たに定めたので、今後は本認定基準に基づき業務上外を判断されたい。
　なお、本通達の施行に伴い、判断指針は廃止する。

別添

心理的負荷による精神障害の認定基準

第1　対象疾病

　　本認定基準で対象とする疾病(以下「対象疾病」という。)は、国際疾病分類第10回修正版(以下「ICD-10」という。)第Ⅴ章「精神および行動の障害」に分類される精神障害であって、器質性のもの及び有害物質に起因するものを除く。

　　対象疾病のうち業務に関連して発病する可能性のある精神障害は、主としてICD-10のF2からF4に分類される精神障害である。

　　なお、器質性の精神障害及び有害物質に起因する精神障害(ICD-10のF0及びF1に分類されるもの)については、頭部外傷、脳血管障害、中枢神経変性疾患等の器質性脳疾患に付随する疾病や化学物質による疾病等として認められるか否かを個別に判断する。

　　また、いわゆる心身症は、本認定基準における精神障害には含まれない。

第2　認定要件

　　次の1、2及び3のいずれの要件も満たす対象疾病は、労働基準法施行規則別表第1の2第9号に該当する業務上の疾病として取り扱う。

1　対象疾病を発病していること。
2　対象疾病の発病前おおむね6か月の間に、業務による強い心理的負荷が認められること。
3　業務以外の心理的負荷及び個体側要因により対象疾病を発病したとは認められないこと。

　　また、要件を満たす対象疾病に併発した疾病については、対象疾病に付随する疾病として認められるか否かを個別に判断し、これが認められ

る場合には当該対象疾病と一体のものとして、労働基準法施行規則別表第1の2第9号に該当する業務上の疾病として取り扱う。

第3　認定要件に関する基本的な考え方

対象疾病の発病に至る原因の考え方は、環境由来の心理的負荷（ストレス）と、個体側の反応性、脆弱性との関係で精神的破綻が生じるかどうかが決まり、心理的負荷が非常に強ければ、個体側の脆弱性が小さくても精神的破綻が起こるし、逆に脆弱性が大きければ、心理的負荷が小さくても破綻が生ずるとする「ストレス－脆弱性理論」に依拠している。

このため、心理的負荷による精神障害の業務起因性を判断する要件としては、対象疾病の発病の有無、発病の時期及び疾患名について明確な医学的判断があることに加え、当該対象疾病の発病の前おおむね6か月の間に業務による強い心理的負荷が認められることを掲げている。

この場合の強い心理的負荷とは、精神障害を発病した労働者がその出来事及び出来事後の状況が持続する程度を主観的にどう受け止めたかではなく、同種の労働者が一般的にどう受け止めるかという観点から評価されるものであり、「同種の労働者」とは職種、職場における立場や職責、年齢、経験等が類似する者をいう。

さらに、これらの要件が認められた場合であっても、明らかに業務以外の心理的負荷や個体側要因によって発病したと認められる場合には、業務起因性が否定されるため、認定要件を上記第2のとおり定めた。

第4　認定要件の具体的判断
1　発病の有無等の判断

対象疾病の発病の有無、発病時期及び疾患名は、「ICD－10　精神および行動の障害臨床記述と診断ガイドライン」（以下「診断ガイドライン」という。）に基づき、主治医の意見書や診療録等の関係資料、請求人や関

係者からの聴取内容、その他の情報から得られた認定事実により、医学的に判断される。特に発病時期については特定が難しい場合があるが、そのような場合にもできる限り時期の範囲を絞り込んだ医学意見を求め判断する。

　なお、強い心理的負荷と認められる出来事の前と後の両方に発病の兆候と理解し得る言動があるものの、どの段階で診断基準を満たしたのかの特定が困難な場合には、出来事の後に発病したものと取り扱う。

　精神障害の治療歴のない事案については、主治医意見や診療録等が得られず発病の有無の判断も困難となるが、この場合にはうつ病エピソードのように症状に周囲が気づきにくい精神障害もあることに留意しつつ関係者からの聴取内容等を医学的に慎重に検討し、診断ガイドラインに示されている診断基準を満たす事実が認められる場合又は種々の状況から診断基準を満たすと医学的に推定される場合には、当該疾患名の精神障害が発病したものとして取り扱う。

2　業務による心理的負荷の強度の判断

　上記第2の認定要件のうち、2の「対象疾病の発病前おおむね6か月の間に、業務による強い心理的負荷が認められること」とは、対象疾病の発病前おおむね6か月の間に業務による出来事があり、当該出来事及びその後の状況による心理的負荷が、客観的に対象疾病を発病させるおそれのある強い心理的負荷であると認められることをいう。

　このため、業務による心理的負荷の強度の判断に当たっては、精神障害発病前おおむね6か月の間に、対象疾病の発病に関与したと考えられる業務によるどのような出来事があり、また、その後の状況がどのようなものであったのかを具体的に把握し、それらによる心理的負荷の強度はどの程度であるかについて、別表1「業務による心理的負荷評価表」（以下「別表1」という。）を指標として「強」、「中」、「弱」の三段階に区分する。

なお、別表1においては、業務による強い心理的負荷が認められるものを心理的負荷の総合評価が「強」と表記し、業務による強い心理的負荷が認められないものを「中」又は「弱」と表記している。「弱」は日常的に経験するものであって一般的に弱い心理的負荷しか認められないもの、「中」は経験の頻度は様々であって「弱」よりは心理的負荷があるものの強い心理的負荷とは認められないものをいう。
　具体的には次のとおり判断し、総合評価が「強」と判断される場合には、上記第2の2の認定要件を満たすものとする。

(1)「特別な出来事」に該当する出来事がある場合
　　発病前おおむね6か月の間に、別表1の「特別な出来事」に該当する業務による出来事が認められた場合には、心理的負荷の総合評価を「強」と判断する。

(2)「特別な出来事」に該当する出来事がない場合
　　「特別な出来事」に該当する出来事がない場合は、以下の手順により心理的負荷の総合評価を行い、「強」、「中」又は「弱」に評価する。
　ア　「具体的出来事」への当てはめ
　　　発病前おおむね6か月の間に認められた業務による出来事が、別表1の「具体的出来事」のどれに該当するかを判断する。ただし、実際の出来事が別表1の「具体的出来事」に合致しない場合には、どの「具体的出来事」に近いかを類推して評価する。
　　　なお、別表1では、「具体的出来事」ごとにその平均的な心理的負荷の強度を、強い方から「Ⅲ」、「Ⅱ」、「Ⅰ」として示している。
　イ　出来事ごとの心理的負荷の総合評価
　　(ア) 該当する「具体的出来事」に示された具体例の内容に、認定した「出来事」や「出来事後の状況」についての事実関係が合致する場合には、その強度で評価する。

(イ) 事実関係が具体例に合致しない場合には、「具体的出来事」ごとに示している「心理的負荷の総合評価の視点」及び「総合評価における共通事項」に基づき、具体例も参考としつつ個々の事案ごとに評価する。
　なお、「心理的負荷の総合評価の視点」及び具体例は、次の考え方に基づいて示しており、この考え方は個々の事案の判断においても適用すべきものである。また、具体例はあくまでも例示であるので、具体例の「強」の欄で示したもの以外は「強」と判断しないというものではない。
　a　類型①「事故や災害の体験」は、出来事自体の心理的負荷の強弱を特に重視した評価としている。
　b　類型①以外の出来事については、「出来事」と「出来事後の状況」の両者を軽重の別なく評価しており、総合評価を「強」と判断するのは次のような場合である。
(a) 出来事自体の心理的負荷が強く、その後に当該出来事に関する本人の対応を伴っている場合
(b) 出来事自体の心理的負荷としては「中」程度であっても、その後に当該出来事に関する本人の特に困難な対応を伴っている場合
　c　上記bのほか、いじめやセクシュアルハラスメントのように出来事が繰り返されるものについては、繰り返される出来事を一体のものとして評価し、また、「その継続する状況」は、心理的負荷が強まるものとしている。

（3）出来事が複数ある場合の全体評価
　対象疾病の発病に関与する業務による出来事が複数ある場合の心理的負荷の程度は、次のように全体的に評価する。
　ア　上記（1）及び（2）によりそれぞれの出来事について総合評価

を行い、いずれかの出来事が「強」の評価となる場合は、業務による心理的負荷を「強」と判断する。

イ　いずれの出来事でも単独では「強」の評価とならない場合には、それらの複数の出来事について、関連して生じているのか、関連なく生じているのかを判断した上で、

①　出来事が関連して生じている場合には、その全体を一つの出来事として評価することとし、原則として最初の出来事を「具体的出来事」として別表1に当てはめ、関連して生じた各出来事は出来事後の状況とみなす方法により、その全体評価を行う。

具体的には、「中」である出来事があり、それに関連する別の出来事（それ単独では「中」の評価）が生じた場合には、後発の出来事は先発の出来事の出来事後の状況とみなし、当該後発の出来事の内容、程度により「強」又は「中」として全体を評価する。

②　一つの出来事のほかに、それとは関連しない他の出来事が生じている場合には、主としてそれらの出来事の数、各出来事の内容（心理的負荷の強弱）、各出来事の時間的な近接の程度を元に、その全体的な心理的負荷を評価する。

具体的には、単独の出来事の心理的負荷が「中」である出来事が複数生じている場合には、全体評価は「中」又は「強」となる。また、「中」の出来事が一つあるほかには「弱」の出来事しかない場合には原則として全体評価も「中」であり、「弱」の出来事が複数生じている場合には原則として全体評価も「弱」となる。

（4）時間外労働時間数の評価

別表1には、時間外労働時間数（週40時間を超える労働時間数をいう。以下同じ。）を指標とする基準を次のとおり示しているので、長時間労働が認められる場合にはこれにより判断する。

なお、業務による強い心理的負荷は、長時間労働だけでなく、仕事

の失敗、役割・地位の変化や対人関係等、様々な出来事及びその後の状況によっても生じることから、この時間外労働時間数の基準に至らない場合にも、時間数のみにとらわれることなく、上記（１）から（３）により心理的負荷の強度を適切に判断する。

ア　極度の長時間労働による評価

　　極度の長時間労働は、心身の極度の疲弊、消耗を来し、うつ病等の原因となることから、発病日から起算した直前の１か月間におおむね160時間を超える時間外労働を行った場合等には、当該極度の長時間労働に従事したことのみで心理的負荷の総合評価を「強」とする。

イ　長時間労働の「出来事」としての評価

　　長時間労働以外に特段の出来事が存在しない場合には、長時間労働それ自体を「出来事」とし、新たに設けた「１か月に80時間以上の時間外労働を行った（項目16）」という「具体的出来事」に当てはめて心理的負荷を評価する。

　　項目16の平均的な心理的負荷の強度は「Ⅱ」であるが、発病日から起算した直前の２か月間に１月当たりおおむね120時間以上の時間外労働を行い、その業務内容が通常その程度の労働時間を要するものであった場合等には、心理的負荷の総合評価を「強」とする。項目16では、「仕事内容・仕事量の（大きな）変化を生じさせる出来事があった（項目15）」と異なり、労働時間数がそれ以前と比べて増加していることは必要な条件ではない。

　　なお、他の出来事がある場合には、時間外労働の状況は下記ウによる総合評価において評価されることから、原則として項目16では評価しない。ただし、項目16で「強」と判断できる場合には、他に出来事が存在しても、この項目でも評価し、全体評価を「強」とする。

ウ　恒常的長時間労働が認められる場合の総合評価

出来事に対処するために生じた長時間労働は、心身の疲労を増加させ、ストレス対応能力を低下させる要因となることや、長時間労働が続く中で発生した出来事の心理的負荷はより強くなることから、出来事自体の心理的負荷と恒常的な長時間労働（月100時間程度となる時間外労働）を関連させて総合評価を行う。

　具体的には、「中」程度と判断される出来事の後に恒常的な長時間労働が認められる場合等には、心理的負荷の総合評価を「強」とする。

　なお、出来事の前の恒常的な長時間労働の評価期間は、発病前おおむね6か月の間とする。

(5) 出来事の評価の留意事項

　業務による心理的負荷の評価に当たっては、次の点に留意する。

① 業務上の傷病により6か月を超えて療養中の者が、その傷病によって生じた強い苦痛や社会復帰が困難な状況を原因として対象疾病を発病したと判断される場合には、当該苦痛等の原因となった傷病が生じた時期は発病の6か月よりも前であったとしても、発病前おおむね6か月の間に生じた苦痛等が、ときに強い心理的負荷となることにかんがみ、特に当該苦痛等を出来事（「(重度の) 病気やケガをした（項目1）」）とみなすこと。

② いじめやセクシュアルハラスメントのように、出来事が繰り返されるものについては、発病の6か月よりも前にそれが開始されている場合でも、発病前6か月以内の期間にも継続しているときは、開始時からのすべての行為を評価の対象とすること。

③ 生死にかかわる業務上のケガをした、強姦に遭った等の特に強い心理的負荷となる出来事を体験した者は、その直後に無感覚等の心的まひや解離等の心理的反応が生じる場合があり、このため、医療機関への受診時期が当該出来事から6か月よりも後になることもあ

る。その場合には、当該解離性の反応が生じた時期が発病時期となるため、当該発病時期の前おおむね６か月の間の出来事を評価すること。
④　本人が主張する出来事の発生時期は発病の６か月より前である場合であっても、発病前おおむね６か月の間における出来事の有無等についても調査し、例えば当該期間における業務内容の変化や新たな業務指示等が認められるときは、これを出来事として発病前おおむね６か月の間の心理的負荷を評価すること。

3　業務以外の心理的負荷及び個体側要因の判断
　　上記第２の認定要件のうち、３の「業務以外の心理的負荷及び個体側要因により対象疾病を発病したとは認められないこと」とは、次の①又は②の場合をいう。
①　業務以外の心理的負荷及び個体側要因が認められない場合
②　業務以外の心理的負荷又は個体側要因は認められるものの、業務以外の心理的負荷又は個体側要因によって発病したことが医学的に明らかであると判断できない場合

（１）業務以外の心理的負荷の判断
　ア　業務以外の心理的負荷の強度については、対象疾病の発病前おおむね６か月の間に、対象疾病の発病に関与したと考えられる業務以外の出来事の有無を確認し、出来事が一つ以上確認できた場合は、それらの出来事の心理的負荷の強度について、別表２「業務以外の心理的負荷評価表」を指標として、心理的負荷の強度を「Ⅲ」、「Ⅱ」又は「Ⅰ」に区分する。
　イ　出来事が確認できなかった場合には、上記①に該当するものと取り扱う。
　ウ　強度が「Ⅱ」又は「Ⅰ」の出来事しか認められない場合は、原則

として上記②に該当するものと取り扱う。
　　エ　「Ⅲ」に該当する業務以外の出来事のうち心理的負荷が特に強いものがある場合や、「Ⅲ」に該当する業務以外の出来事が複数ある場合等については、それらの内容等を詳細に調査の上、それが発病の原因であると判断することの医学的な妥当性を慎重に検討して、上記②に該当するか否かを判断する。

（2）個体側要因の評価
　　本人の個体側要因については、その有無とその内容について確認し、個体側要因の存在が確認できた場合には、それが発病の原因であると判断することの医学的な妥当性を慎重に検討して、上記②に該当するか否かを判断する。業務による強い心理的負荷が認められる事案であって個体側要因によって発病したことが医学的に見て明らかな場合としては、例えば、就業年齢前の若年期から精神障害の発病と寛解を繰り返しており、請求に係る精神障害がその一連の病態である場合や、重度のアルコール依存状況がある場合等がある。

第5　精神障害の悪化の業務起因性
　　業務以外の原因や業務による弱い（「強」と評価できない）心理的負荷により発病して治療が必要な状態にある精神障害が悪化した場合、悪化の前に強い心理的負荷となる業務による出来事が認められることをもって直ちにそれが当該悪化の原因であるとまで判断することはできず、原則としてその悪化について業務起因性は認められない。
　　ただし、別表1の「特別な出来事」に該当する出来事があり、その後おおむね6か月以内に対象疾病が自然経過を超えて著しく悪化したと医学的に認められる場合については、その「特別な出来事」による心理的負荷が悪化の原因であると推認し、悪化した部分について、労働基準法施行規則別表第1の2第9号に該当する業務上の疾病として取り扱う。

上記の「治療が必要な状態」とは、実際に治療が行われているものに限らず、医学的にその状態にあると判断されるものを含む。

第6　専門家意見と認定要件の判断
　　認定要件を満たすか否かを判断するに当たっては、医師の意見と認定した事実に基づき次のとおり行う。

1　主治医意見による判断
　　すべての事案（対象疾病の治療歴がない自殺に係る事案を除く。）について、主治医から、疾患名、発病時期、主治医の考える発病原因及びそれらの判断の根拠についての意見を求める。
　　その結果、労働基準監督署長（以下「署長」という。）が認定した事実と主治医の診断の前提となっている事実が対象疾病の発病時期やその原因に関して矛盾なく合致し、その事実を別表1に当てはめた場合に「強」に該当することが明らかで、下記2又は3に該当しない場合には、認定要件を満たすものと判断する。

2　専門医意見による判断
　　次の事案については、主治医の意見に加え、地方労災医員等の専門医に対して意見を求め、その意見に基づき認定要件を満たすか否かを判断する。
　① 主治医が発病時期やその原因を特定できない又はその根拠等があいまいな事案等、主治医の医学的判断の補足が必要な事案
　② 疾患名が、ICD-10のF3（気分（感情）障害）及びF4（神経症性障害、ストレス関連障害および身体表現性障害）以外に該当する事案
　③ 署長が認定した事実関係を別表1に当てはめた場合に、「強」に該当しない（「中」又は「弱」である）ことが明らかな事案
　④ 署長が認定した事実関係を別表1に当てはめた場合に、明確に

「強」に該当するが、業務以外の心理的負荷又は個体側要因が認められる事案（下記3③に該当する事案を除く。）

3 専門部会意見による判断
　次の事案については、主治医の意見に加え、地方労災医員協議会精神障害等専門部会に協議して合議による意見を求め、その意見に基づき認定要件を満たすか否かを判断する。
① 自殺に係る事案
② 署長が認定した事実関係を別表1に当てはめた場合に、「強」に該当するかどうかも含め判断しがたい事案
③ 署長が認定した事実関係を別表1に当てはめた場合に、明確に「強」に該当するが、顕著な業務以外の心理的負荷又は個体側要因が認められる事案
④ その他、専門医又は署長が、発病の有無、疾患名、発病時期、心理的負荷の強度の判断について高度な医学的検討が必要と判断した事案

4 法律専門家の助言
　関係者が相反する主張をする場合の事実認定の方法や関係する法律の内容等について、法律専門家の助言が必要な場合には、医学専門家の意見とは別に、法務専門員等の法律専門家の意見を求める。

第7 療養及び治ゆ
　心理的負荷による精神障害は、その原因を取り除き、適切な療養を行えば全治し、再度の就労が可能となる場合が多いが、就労が可能な状態でなくとも治ゆ（症状固定）の状態にある場合もある。
　例えば、医学的なリハビリテーション療法が実施された場合には、それが行われている間は療養期間となるが、それが終了した時点が通常は治ゆ（症状固定）となる。また、通常の就労が可能な状態で、精神障害

の症状が現れなくなった又は安定した状態を示す「寛解」との診断がなされている場合には、投薬等を継続している場合であっても、通常は治ゆ（症状固定）の状態にあると考えられる。

療養期間の目安を一概に示すことは困難であるが、例えば薬物が奏功するうつ病について、9割近くが治療開始から6か月以内にリハビリ勤務を含めた職場復帰が可能となり、また、8割近くが治療開始から1年以内、9割以上が治療開始から2年以内に治ゆ（症状固定）となるとする報告がある。

なお、対象疾病がいったん治ゆ（症状固定）した後において再びその治療が必要な状態が生じた場合は、新たな発病と取り扱い、改めて上記第2の認定要件に基づき業務上外を判断する。

治ゆ後、症状の動揺防止のため長期間にわたり投薬等が必要とされる場合にはアフターケア（平成19年4月23日付け基発第0423002号）を、一定の障害を残した場合には障害補償給付（労働者災害補償保険法第15条）を、それぞれ適切に実施する。

第8　その他

1　自殺について

業務によりICD－10のF0からF4に分類される精神障害を発病したと認められる者が自殺を図った場合には、精神障害によって正常の認識、行為選択能力が著しく阻害され、あるいは自殺行為を思いとどまる精神的抑制力が著しく阻害されている状態に陥ったものと推定し、業務起因性を認める。

その他、精神障害による自殺の取扱いについては、従前の例（平成11年9月14日付け基発第545号）による。

2　セクシュアルハラスメント事案の留意事項

セクシュアルハラスメントが原因で対象疾病を発病したとして労災請

求がなされた事案の心理的負荷の評価に際しては、特に次の事項に留意する。

① セクシュアルハラスメントを受けた者（以下「被害者」という。）は、勤務を継続したいとか、セクシュアルハラスメントを行った者（以下「行為者」という。）からのセクシュアルハラスメントの被害をできるだけ軽くしたいとの心理などから、やむを得ず行為者に迎合するようなメール等を送ることや、行為者の誘いを受け入れることがあるが、これらの事実がセクシュアルハラスメントを受けたことを単純に否定する理由にはならないこと。

② 被害者は、被害を受けてからすぐに相談行動をとらないことがあるが、この事実が心理的負荷が弱いと単純に判断する理由にはならないこと。

③ 被害者は、医療機関でもセクシュアルハラスメントを受けたということをすぐに話せないこともあるが、初診時にセクシュアルハラスメントの事実を申し立てていないことが心理的負荷が弱いと単純に判断する理由にはならないこと。

④ 行為者が上司であり被害者が部下である場合、行為者が正規職員であり被害者が非正規労働者である場合等、行為者が雇用関係上被害者に対して優越的な立場にある事実は心理的負荷を強める要素となり得ること。

3　本省協議
　　ICD-10のF5からF9に分類される対象疾病に係る事案及び本認定基準により判断することが適当ではない事案については、本省に協議すること。

◆心理的負荷による精神障害の認定基準の運用等について

基労補発1226第1号
平成23年12月26日

都道府県労働局労働基準部長　殿

厚生労働省労働基準局
労災補償部補償課長

心理的負荷による精神障害の認定基準の運用等について

　心理的負荷による精神障害の認定基準については、平成23年12月26日付け基発1226第1号「心理的負荷による精神障害の認定基準について」（以下「認定基準」という。）をもって示されたところであるが、地方労災医員協議会精神障害等部会（以下「専門部会」という。）の運用等については下記によられたい。

　また、判断指針との相違点等について別添のとおり整理したので、業務の参考とされたい。

　さらに、「精神障害の労災認定の基準に関する専門検討会報告書（平成23年11月）」には、認定基準の要件等に関する背景や考え方が記述されているので、精読されたい。

記

1　専門部会の運用
（1）都道府県労働局への報告等
　　認定基準第6の1及び2に基づき専門部会の意見を求めず決定する事案（以下「主治医等決定事案」という。）については、当分の間、決定前に都道府県労働局労働基準部労災補償課（以下「局」という。）に事案の概要を報告すること。
　　局においては、その内容を検討し、慎重な医学的検討が必要と認められ

る場合には、認定基準第6の3④により専門部会の意見を求めるよう指示すること。
（2）専門部会への報告
　　主治医等決定事案については、決定後、事案の概要について専門部会に定期的に報告すること。

2　認定基準の周知等
（1）認定基準の周知
　　精神障害の労災認定に関し相談等があった場合には、おって配付するパンフレット等を活用することにより、認定基準等について懇切・丁寧に説明をすること。
　　また、医療機関及びその関係団体、事業主団体、労働組合、労働相談等を実施している地方公共団体等の関係機関に対しても、機会をとらえて周知を図ること。
（2）職員研修等の実施
　　精神障害の労災認定に関する十分な理解や専門的知識等を修得させるため、別途送付する資料を活用する等により、職員研修等を計画的に実施し、職員の資質向上に努めること。
　　また、地方労災医員に対しても、同様に認定基準について情報提供し、その考え方等について説明すること。

3　調査中の事案等の取扱い
　　認定基準発出日において調査中の事案及び審査請求中の事案は、認定基準に基づいて決定すること。
　　また、認定基準発出日において係争中の訴訟事案のうち、認定基準に基づいて判断した場合に訴訟追行上の問題が生じる可能性のある事件については、当課労災保険審理室に協議すること。

4 通達の改廃

平成11年9月14日付け事務連絡第9号、平成12年3月24日付け事務連絡第3号、平成17年12月1日付け基労補発第1201001号、平成20年2月6日付け基労補発第0206001号及び平成21年4月6日付け基労補発第0406001号は廃止する。

(別添)

認定基準と判断指針の主な相違点

1　通達の標題について
（1）「認定基準」の名称

　　平成11年9月14日付け基発第544号「心理的負荷による精神障害等に係る業務上外の判断指針について」（以下「判断指針」という。）の標題にある「判断指針」の名称は、すべての事案について専門部会の判断に基づいて業務上外を決定する等、他の疾病の認定基準とは異なる点も多い等の理由から用いられたものである。

　　平成22年5月に労働基準法施行規則別表第1の2第9号に「人の生命にかかわる事故への遭遇その他心理的に過度の負担を与える事象を伴う業務による精神及び行動の障害又はこれに付随する疾病」が追加されたこと等も踏まえ、今回、精神障害の業務起因性を肯定し得る要素をより具体的に定め、一部は専門部会の判断を要しないものとしたこと等から、他の疾病に関するものと同様、「認定基準」の名称を用いることとした。

　　したがって、精神障害について認定基準に定める要件に該当した場合には、原則として業務上と判断できるものである。

（2）「精神障害」

　　判断指針の標題は「精神障害等」となっており、「等」は自殺を指すものとされていたが、従来より、自殺の業務起因性の判断の前提として、精神障害の業務起因性の判断を行っていたことから、この趣旨を明確にするため「等」を削除したものであり、実質的な変更はない。

2　対象疾病について（認定基準第1関係）

　　対象疾病について一部字句の変更があるが、従来の取扱いを明確にする趣旨のもので、実質的な変更はない。

3 認定要件等について（認定基準第2及び第3関係）
　認定要件について一部字句の変更があるが、実質的な変更はない。
　また、認定要件に関する基本的な考え方についても同様である。

4 発病の有無等の判断について（認定基準第4の1関係）
　発病の時期の特定が難しい場合の取扱いについて、次の2点を明確にした。
　第一に、できる限り発病の時期の範囲を絞り込むことであり、少なくとも「〇月〇旬頃」まで絞り込んだ医学意見を求めることを意図している。この点は、労働時間数の算定等において重要となる。
　第二に、出来事の前と後に発病と考えられる言動がみられ、発病時期はどちらとも考えられるが特定が難しい場合は、出来事の後に発病したと取り扱うことであり、発病後の悪化の事案として判断するか否かにおいてこの点は重要となる。

5 業務による心理的負荷の強度の判断について（認定基準第4の2関係）
（1）業務による心理的負荷評価表
　　業務による心理的負荷の評価方法を明確にするため、新たに「業務による心理的負荷評価表」（以下「別表1」という。）を定めた。
　　なお、従来「強」と判断されていたものは、別表1に基づく評価によっても、基本的に「強」と判断される。
　　主な変更点は次のとおりである（参考1及び参考2参照）。

　ア 「出来事」と「出来事後の状況」の一括評価
　　判断指針では、業務による心理的負荷の強度について、まず出来事の心理的負荷の強度を評価し、次に、出来事後の状況が持続する程度を評価し、これらを総合評価して業務による心理的負荷を判断していたが、認定基準では、「出来事」と「出来事後の状況」を一括して心理的負荷

を「強」、「中」、「弱」と判断することとして、別表1の中に具体例を示した。

このうち、類型①「事故や災害の体験」については、出来事後の状況が相当程度過重といえない場合でも心理的負荷が「強」と認められ得るものとなっている。

イ 「出来事の類型」の見直し

「出来事の類型」については、類似するものを統合する等の観点から、次のとおり見直している。

(ア) 「仕事の量・質」

判断指針の「仕事の量・質の変化」とほぼ同趣旨であるが、「1か月に80時間以上の時間外労働を行った」等、必ずしも「変化」を伴わない状況を出来事として本類型に含めたことから、表現を改めた。

(イ) 「役割・地位の変化等」

判断指針の「身分の変化等」及び「役割・地位等の変化」については、類似することから統合した。

(ウ) 「対人関係」

判断指針の「対人関係のトラブル」及び「対人関係の変化」については、類似することから統合した。

(エ) 「セクシュアルハラスメント」

「セクシュアルハラスメントを受けた」は、判断指針では「対人関係のトラブル」に分類されていたが、セクシュアルハラスメントは「対人関係のトラブル」という分類から想定される、対人関係の相互性の中で生じるものに限らないことから、独立した類型とした。

ウ 「具体的出来事」の見直し

「具体的出来事」については、類似する項目や発生頻度が小さい項目は統合し、最近の職場環境の変化に伴い業務による心理的負荷として感じられることが多い出来事は追加する等の観点から、次のとおり見直している。

(ア) 「(重度の) 病気やケガをした」等

「(重度の) 病気やケガをした」は、「重度の」病気やケガであることを前提に、平均的な心理的負荷 (Ⅲ) を定めているが、重度とはいえない病気やケガの場合にも、本項目に当てはめる (その上で、心理的負荷の総合評価は「中」や「弱」となる) こととなる。その趣旨を明確にするため、「重度の」という表現をカッコ書きにした。

また、「仕事内容・仕事量の (大きな) 変化を生じさせる出来事があった」、「(ひどい) 嫌がらせ、いじめ、又は暴行を受けた」のカッコ書きも同じ趣旨である。

(イ) 「業務に関連し、重大な人身事故、重大事故を起こした」

判断指針の「交通事故 (重大な人身事故、重大事故) を起こした」及び「労働災害 (重大な人身事故、重大事故) の発生に直接関与した」については、類似することから統合するとともに、業務に関連してなされた場合に評価することを明確にした。

(ウ) 「自分の関係する仕事で多額の損失等が生じた」

判断指針の「自分の関係する仕事で多額の損失を出した」と同趣旨であるが、本項目は、自分のミスによらずに多額の損失等が生じた場合の心理的負荷を評価する項目であることを明確にした。

(エ) 「業務に関連し、違法行為を強要された」

判断指針の「違法行為を強要された」と同趣旨であるが、当該違法行為の強要が、業務に関連してなされた場合に評価することを明確にした。

(オ)　「仕事内容・仕事量の（大きな）変化を生じさせる出来事があった」

　　判断指針の「仕事内容・仕事量の大きな変化を生じさせる出来事があった」及び「勤務・拘束時間が長時間化する出来事が生じた」については、類似することから統合した。

　　また、判断指針の「研修、会議等の参加を強要された」、「職場のOA化が進んだ」、「部下が増えた」、「同一事業場内での所属部署が統廃合された」、「担当ではない業務として非正規社員のマネージメント、教育を行った」については、発生頻度が小さい（決定件数が少ない）ことと、通常、本項目としての評価が可能であることから、これらの項目を廃止した。

(カ)　「1か月に80時間以上の時間外労働を行った」

　　判断指針においては、極度の長時間労働の場合を除き、長時間労働それ自体は心理的負荷の生じる「出来事」として評価されなかったが、他に特段の出来事が存在しない場合を想定して、長時間労働それ自体を「出来事」とみなし、本項目を新設した。

(キ)　「2週間（12日）以上にわたって、連続勤務を行った」

　　最近の職場環境の変化に伴い、業務による心理的負荷として感じられる出来事として新設した。業務量が多いこと等から本来取得できるはずの休日が取得できず、連続勤務を行ったことの心理的負荷を評価する項目である。

(ク)　「配置転換があった」及び「転勤をした」

　　いずれも判断指針にあった項目であるが、人事異動のうち「転勤をした」は転居を伴うものが該当し、「配置転換があった」は転居を伴わないものが該当すること等が明確となるよう説明を加えた。

　　また、判断指針の「出向した」及び「左遷された」について、いずれも人事異動の一形態であることから、「配置転換があった」及び「転勤をした」に統合した。その際、判断指針では「左遷され

た」の平均的な心理的負荷は「Ⅱ」であったが、ストレス評価に関する調査研究の結果に基づき、心理的負荷が「強」になる具体例として示している。

(ケ)　「非正規社員である自分の契約満了が迫った」
　　　最近の職場環境の変化に伴い、業務による心理的負荷として感じられる出来事として新設した。期間の定めのある労働契約を締結している労働者について、その契約期間の満了が迫ったことの心理的負荷を評価する項目である。

(コ)　「同僚等の昇進・昇格があり、昇進で先を越された」
　　　判断指針の「昇進で先を越された」及び「同僚の昇進・昇格があった」については、類似することから統合した。

　エ　平均的な心理的負荷の強度の見直し
　　「具体的出来事」のうち、「同僚とのトラブルがあった」については、ストレス評価に関する調査研究の結果に基づき、平均的な心理的負荷の程度を「Ⅰ」から「Ⅱ」に引き上げた。

(2) 出来事の評価に当たっての留意点
　　認定基準第4の2(5)のうち、①の発病前おおむね6か月の間に生じた苦痛等を出来事とみなすこと及び②の出来事が繰り返されるものについては開始時からのすべての行為を評価の対象とすることについては、取扱いを変更した。

6　業務以外の心理的負荷及び個体側要因の判断（認定基準第4の3関係）
　　認定要件における業務以外の心理的負荷及び個体側要因の意義は判断指針と同一であるが、業務による強い心理的負荷が認められたにもかかわらず業務以外の心理的負荷又は個体側要因により発病したとして業務外と判断しているものがほとんどない等の実情も勘案し、審査の迅速化、請求人

の負担軽減を図る観点から、これらの事項に係る調査・判断について簡略化するための変更をした。

7 精神障害の悪化の業務起因性（認定基準第5関係）
　判断指針では、精神障害の発病の業務起因性のみを検討の対象としていたが、認定基準では発病後の悪化についても特例的に業務起因性を認めることとした。

8 専門家意見と認定要件の判断（認定基準第6関係）
　判断指針では、すべての事案について、複数の専門家による合議等の結果に基づき業務上外を判断することとしていたが、これを変更し、主治医の意見に基づき判断する事案、専門医の意見も求めて判断する事案及び引き続き専門部会の意見に基づき判断する事案に区分することとした（参考3参照）。

9 本省協議（認定基準第8の3関係）
　従来、平成11年9月14日付け事務連絡第9号において本省協議を指示していたものであり、実質的な変更はない。
　なお、別表1に示した「具体的出来事」のいずれにも類推適用できない出来事の評価についても、「本認定基準により判断することが適当ではない事案」に含まれ協議対象となる。

参考1

業務による具体的出来事等の新旧対照表

現行			改正		
出来事の類型	具体的出来事	平均的な心理的負荷の強度	出来事の類型	具体的出来事	平均的な心理的負荷の強度
①事故や災害の体験	重度の病気やケガをした	Ⅲ	①事故や災害の体験	(重度の)病気やケガをした	
	悲惨な事故や災害の体験(目撃)をした	Ⅱ		悲惨な事故や災害の体験、目撃をした	
②仕事の失敗、過重な責任の発生等	交通事故(重大な人身事故、重大事故)を起こした	Ⅲ	②仕事の失敗、過重な責任の発生等	業務に関連し、重大な人身事故、重大事故を起こした(※1)	
	労働災害(重大な人身事故、重大事故)の発生に直接関与した	Ⅲ		削除(※1で評価)	
	会社の経営に影響するなどの重大な仕事上のミスをした	Ⅲ			
	会社で起きた事故(事件)について、責任を問われた	Ⅱ		会社で起きた事故、事件について、責任を問われた	
	違法行為を強要された	Ⅱ		業務に関達し、違法行為を強要された	
	自分の関係する仕事で多額の損失を出した	Ⅱ		自分の関係する仕事で多額の損失等が生じた	
	達成困難なノルマが課された	Ⅱ			
	ノルマが達成できなかった	Ⅱ			
	新規事業の担当になった、会社の建て直しの担当になった	Ⅱ			
	顧客や取引先から無理な注文を受けた	Ⅱ			
	顧客や取引先からクレームを受けた	Ⅱ			
	研修、会議等の参加を強要された	Ⅰ		削除(※2で評価)	
	大きな説明会や公式の場での発表を強いられた	Ⅰ			
	上司が不在になることにより、その代行を任された	Ⅰ			
③仕事の量・質の変化	仕事内容・仕事量の大きな変化を生じさせる出来事があった	Ⅱ	③仕事の量・質	仕事内容・仕事量の(大きな)変化を生じさせる出来事があった(※2)	
	勤務・拘束時間が長時間化する出来事が生じた	Ⅱ		削除(※2で評価)	
	新規追加			1か月に80時間以上の時間外労働を行った	Ⅱ
	新規追加			2週間以上にわたって連続勤務を行った	Ⅱ
	勤務形態に変化があった	Ⅰ			
	仕事のペース、活動の変化があった	Ⅰ			
	職場のOA化が進んだ	Ⅰ		削除(※2で評価)	

現行			改正		
出来事の類型	具体的出来事	平均的な心理的負荷の強度	出来事の類型	具体的出来事	平均的な心理的負荷の強度
④身分の変化等	退職を強要された	Ⅲ	④役割・地位の変化等		
	出向した	Ⅱ		削除（※3で評価）	
	左遷された	Ⅱ		削除（※3で評価）	
	非正規社員であるとの理由等により、仕事上の差別、不利益取扱いを受けた	Ⅱ			
	早期退職制度の対象となった	Ⅰ			
⑤役割・地位等の変化	転勤をした	Ⅱ		（※3）	
	複数名で担当していた業務を1人で担当するようになった	Ⅱ			
	配置転換があった	Ⅱ		（※3）	
	自分の昇格・昇進があった	Ⅰ			
	部下が減った	Ⅰ			
	部下が増えた	Ⅰ		削除（※2で評価）	
	同一事業場内での所属部署が統廃合された	Ⅰ		削除（※2で評価）	
	担当ではない業務として非正規社員のマネージメント、教育を行った	Ⅰ		削除（※2で評価）	
	新規追加			非正規社員である自分の契約満了が迫った	Ⅰ
⑥対人関係のトラブル	ひどい嫌がらせ、いじめ、又は暴行を受けた	Ⅲ	⑤対人関係	（ひどい）嫌がらせ、いじめ、又は暴行を受けた	
	セクシュアルハラスメントを受けた	Ⅱ		類型⑥へ	
	上司とのトラブルがあった	Ⅱ			
	部下とのトラブルがあった	Ⅱ			
	同僚とのトラブルがあった	Ⅰ			Ⅱ
⑦対人関係の変化	理解してくれていた人の異動があった	Ⅰ			
	上司が替わった	Ⅰ			
	昇進で先を越された	Ⅰ		同僚等の昇進・昇格があり、昇進で先を越された（※4）	
	同僚の昇進・昇格があった	Ⅰ		削除（※4で評価）	
			⑥セクシュアルハラスメント	セクシュアルハラスメントを受けた	Ⅱ

参考2

具体的出来事の統合関係一覧

旧	新
重度の病気やケガをした	（重度の）病気やケガをした
悲惨な事故や災害の体験（目撃）をした	悲惨な事故や災害の体験、目撃をした
交通事故（重大な人身事故、重大事故）を起こした	業務に関連し、重大な人身事故、重大事故を起こした
労働災害（重大な人身事故、重大事故）の発生に直接関与した	会社の経営に影響するなどの重大な仕事上のミスをした
会社の経営に影響するなどの重大な仕事上のミスをした	会社で起きた事故、事件について、責任を問われた
会社で起きた事故（事件）について、責任を問われた	自分の関係する仕事で多額の損失等が生じた
違法行為を強要された	業務に関連し、違法行為を強要された
自分の関係する仕事で多額の損失を出した	達成困難なノルマが課された
達成困難なノルマが課された	ノルマが達成できなかった
ノルマが達成できなかった	新規事業の担当になった、会社の建て直しの担当になった
新規事業の担当になった、会社の建て直しの担当になった	顧客や取引先から無理な注文を受けた
顧客や取引先から無理な注文を受けた	顧客や取引先からクレームを受けた
顧客や取引先からクレームを受けた	大きな説明会や公式の場での発表を強いられた
研修、会議等の参加を強要された	上司が不在になることにより、その代行を任された
大きな説明会や公式の場での発表を強いられた	仕事内容・仕事量の（大きな）変化を生じさせる出来事があった
上司が不在になることにより、その代行を任された	1か月に80時間以上の時間外労働を行った【新規】
仕事内容・仕事量の大きな変化を生じさせる出来事があった	2週間以上にわたって連続勤務を行った【新規】
勤務・拘束時間が長時間化する出来事が生じた	勤務形態に変化があった
勤務形態に変化があった	仕事のペース、活動の変化があった
仕事のペース、活動の変化があった	退職を強要された
職場のOA化が進んだ	配置転換があった
退職を強要された	転勤をした
出向した	複数名で担当していた業務を1人で担当するようになった
左遷された	非正規社員であるとの理由等により、仕事上の差別、不利益取扱いを受けた
非正規社員であるとの理由等により、仕事上の差別、不利益取扱いを受けた	自分の昇格・昇進があった
早期退職制度の対象となった	部下が減った
転勤をした	早期退職制度の対象となった
複数名で担当していた業務を1人で担当するようになった	非正規社員である自分の契約満了が迫った【新規】
配置転換があった	（ひどい）嫌がらせ、いじめ、又は暴行を受けた
自分の昇格・昇進があった	上司とのトラブルがあった
部下が減った	同僚とのトラブルがあった
部下が増えた	部下とのトラブルがあった
同一事業場内での所属部署が統廃合された	理解してくれていた人の異動があった
担当ではない業務として非正規社員のマネージメント、教育を行った	上司が替わった
ひどい嫌がらせ、いじめ、又は暴行を受けた	同僚等の昇進・昇格があり、昇進で先を越された
セクシュアルハラスメントを受けた	セクシュアルハラスメントを受けた
上司とのトラブルがあった	
部下とのトラブルがあった	
同僚とのトラブルがあった	
理解してくれていた人の異動があった	
上司が替わった	
昇進で先を越された	
同僚の昇進・昇格があった	

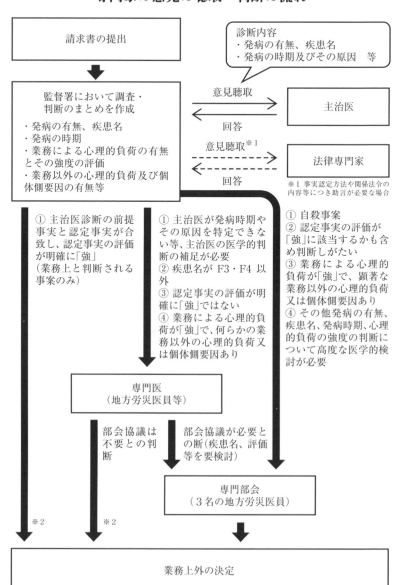

◆精神障害による自殺の取扱いについて

基発第５４５号
平成11年9月14日

都道府県労働基準局長　殿

労働省労働基準局長

精神障害による自殺の取扱いについて

　労働者災害補償保険法第12条の２の２第１項の「故意」については、昭和40年７月31日付基発第901号「労働者災害補償保険法の一部を改正する法律の施行について」により、結果の発生を意図した故意であると解釈してきたところであるが、このことに関し、精神障害を有するものが自殺した場合の取扱いについては下記のとおりとするので、今後遺漏のないようされたい。

記

　業務上の精神障害によって、正常の認識、行為選択能力が著しく阻害され、又は自殺行為を思いとどまる精神的な抑制力が著しく阻害されている状態で自殺が行われたと認められる場合には、結果の発生を意図した故意には該当しない。

◆ 著者略歴 ◆

高橋　健（たかはし　たけし）

昭和48年労働省（現厚生労働省）入省、厚生労働事務官として労働本省、都道府県労働局、労働基準監督署に勤務。平成21年3月退職（最終官職：東京労働局労働基準部労災補償課地方労災補償監察官）。平成23年たかはし社会保険労務士事務所開業。
労災認定現場での実務経験を活かし、労災全般に関する各種相談業務、セミナー講師、執筆などを中心に活動中。

著　　書：『労災保険実務講座』
　　　　　『労災保険の審査請求事例と解説』
　　　　　『労災保険実務標準ハンドブック』（以上、日本法令）
　　　　　『労災認定の考え方と申請のポイント』（労働新聞社）

専門誌寄稿：ビジネスガイド（日本法令）
　　　　　労務事情（産労総合研究所）
　　　　　安全スタッフ（労働新聞社）

たかはし社会保険労務士事務所
URL　http://www.takahashi-jimusyo.jp/

改訂版	
元厚生労働事務官が解説する 職場のうつと労災認定の仕組み	平成24年 9月10日 初版発行 令和元年 7月20日 改訂初版

検印省略

著 者	高 橋	健 次
発行者	青 木	健 次
編集者	岩 倉	春 光
印刷所	倉 敷	印 刷
製本所	国	宝 社

〒101-0032
東京都千代田区岩本町1丁目2番19号
https://www.horei.co.jp

（営 業）	TEL 03-6858-6967	Eメール	syuppan@horei.co.jp
（通 販）	TEL 03-6858-6966	Eメール	book.order@horei.co.jp
（編 集）	FAX 03-6858-6957	Eメール	tankoubon@horei.co.jp

（バーチャルショップ）　https://www.horei.co.jp/iec/
（お詫びと訂正）　https://www.horei.co.jp/book/owabi.shtml

※万一、本書の内容に誤記等が判明した場合には、上記「お詫びと訂正」に最新情報を掲載しております。ホームページに掲載されていない内容につきましては、FAXまたはEメールで編集までお問合せください。

・乱丁、落丁本は直接弊社出版部へお送りくださればお取替えいたします。
・JCOPY〈出版者著作権管理機構　委託出版物〉
本書の無断複製は著作権法上での例外を除き禁じられています。複製される場合は、そのつど事前に、出版者著作権管理機構（電話 03-5244-5088、FAX 03-5244-5089、e-mail：info@jcopy.or.jp）の許諾を得てください。また、本書を代行業者等の第三者に依頼してスキャンやデジタル化することは、たとえ個人や家庭内の利用であっても一切認められておりません。

Ⓒ T. Takahashi 2019. Printed in JAPAN
ISBN 978-4-539-72685-3